KB016566

아주 약간의
너그러움

아주 약간의
너그러움

오래되고
켜켜이 쌓인

마음 쓰레기
치우는 법

손정연
지음

타인의사유

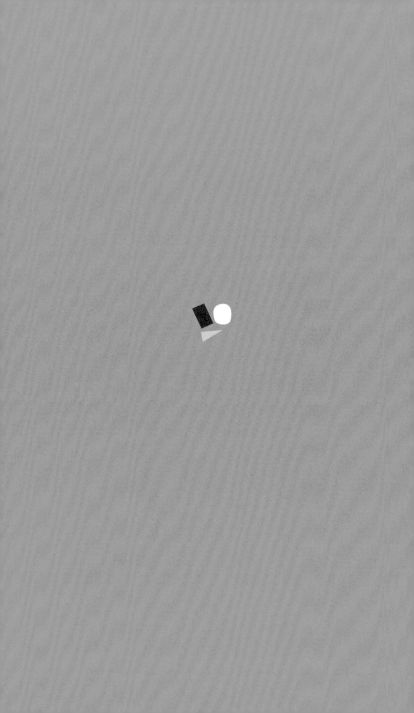

많은 이들이 관계 속에서 상처를 받고, 자신을 비난하거나 남을 탓하고, 불행의 늪에서 허덕거리며 과거를 후회하고, 미래를 걱정하면서 살고 있다. 당연히 감정이 요동친다. 긴장하고 짜증 나고 울화가 가득 차고 우울하고 불안하고…, 이런 이들이 만나 부대끼며 살아가다 보니 사회생활 자체가 피곤하고 힘들다. 코로나 19 사태 이후 고립이 심해지고 각자도생이 당연시되면서 위로받을 곳조차 마땅치 않다.

한마디로 지금 우리는 평안하지도 않고 화목하지도 못하다. 화목(和睦)이라는 말이 이제는 '화목하고 단란한 가정' 정도에만 쓰이는 옛날 말 취급을 받지만, 원래는 동서양을 넘나든 매우 중요한 삶의 방식이었다. 제갈량은 군대를 이끄는 가장 중요한 방식으로 '행진화목(行陣和睦)', 즉 서로 다투지 않고 조화롭게 진법을 운용해야 한다는 것을 들었다. 공자도 군자의 삶의 방식 중에 화목을 중요하게 여겨 군자는 화목하면서 정체성을 지키는 '화이부동(和而不同)'으로 살아가지만 소인들은 '동이불화(同而不和)', 즉 정체성도 지키지 않으면서 서로 불화한다고 하였다. 성경에서도 예수님이 우리 죗값을 대신 치르면서 하나님과 화목하게 만들어 주셨다고 하였다. 그러나 안타깝게도 우리는 이 화목을 잃어버렸다. 타인과 화목하지 못한 것도 문제지만, 더 슬픈 것은 자기 자신과도 화목하지 못하다는 깃이다.

자신에 대해 너그럽지 못하면서 모든 불행이 심화되고 있다. 2022년도 건강보험심사평가원 자료에 따르면 최근 4년 사이에 우울증 환자가 35%, 불안장애 환자가 32.3% 늘었다고 한다. 더 안타까운 것은 20대 우울증 환자 수가 무려 127.1% 폭증했고 불안장애 환자도 무려 83.5%가 늘었다는 것이다. 그만큼 병원에서 치료받는 사람들은 엄청나게 늘었지만, 수치로 드러나지 않은 채 심리적 고통에 힘겨워하는 사람들은 더 많다.

  이에 수많은 치유에 관한 책들이 계속 출간되고 있지만, 이렇게 저렇게 하라는 식의 가르침을 실제 삶에서 작동시키기란 만만치 않다. 자신이 왜 이런 아픔을 겪고 있는지 제대로 알아차리지 못하기에 그것을 어떻게 풀어 나가야 할지도 모르는 것이다.

아주 약간의 너그러움

이 책에서 손정연 작가는 자신의 경험과 게슈탈트 심리치료 공부를 통한 내공을 이용하여 우리가 겪고 있는 여러 심리적 문제들을 차근차근 해결해 주고 있다. "지금 이 자리"에서 벌어지는 모든 일을 알아차려서 자신의 몸, 감정, 욕구, 말, 주변에 대한 인식이 생기는 것이 가장 기본이다. 나아가 자신이 속으로 뇌까려 왔던 "반드시 그렇게 해야만 해", "부족하다는 것을 인정할 수 없어", "우리 관계는 당연히 그래야 해", "남에게 못하고 나에게 해 버려서", "남들이 뭐라고 생각하겠어", "어차피 다 소용없고 의미 없어" 등이 나를 힘들게 했던 원인이라는 것을 알게 해 준다. 물론 안다고 해서 문제가 풀리는 것은 아니다. 그래서 알기만 하고 끝나는 것이 아니라 현재 그렇게 살고 있는 나의 중심을 단단하게 해 줄 수 있는 방법을 제시한다. 세상을 새롭게 보고, 억압했던 감정을 되돌아보며, 마음을 다독여 새로운 관계를 이루어 나가는 방법을 친절하게 안내해 주고 있다.

결국 저자가 말하는 것처럼 자신을 있는 그대로 수용하는 사람들이 늘어나고 "아주 약간의 너그러움"만 가질 수 있게 된다면 세상은 훨씬 평안하고 화목해질 수 있을 것이다. 게슈탈트 치료의 창시자인 프리츠 펄스가 "알아차림 그 자체가 바로 치료적일 수 있다"고 한 것처럼 이 책을 읽는 것만으로도 그 자체가 치료적일 수 있다고 본다. 많은 분이 책을 읽고 잃어버렸던 화목을 찾을 수 있기를 기대한다.

채정호,
가톨릭대학교 서울성모병원
정신건강의학과 교수 & 긍정학교 교장

하루가 멀다 하고 자극적인 뉴스가 들린다. 폭력적인 혐오 범죄나 스트레스로 인해 충동적으로 벌어지는 사건 사고들이 특히 그렇다. 이런 사건 사고들이 매스컴을 탈 때면, 대개 마음의 여유와 너그러움이 강조된다는 코멘트가 덧붙여지곤 한다.

그날도 마찬가지였다. 평소와 비슷한 사건 뉴스가 이어지는데, 기자의 한마디 한마디가 유달리 귀에 꽂히면서 문득 근본적인 의문이 들었다. 언제부터 우린 이렇게 너그러움을 잃어버린 걸까? 너그럽다는 건 정확히 뭘까? 스스로 너그러운 사람이라고 생각하는 사람은 몇이나 될까? 아니 그런데, 세상 사람이 모두 너그럽다면 태평성대도 가능한 거 아닐까?

꼬리에 꼬리를 무는 긍정 회로 덕분에 호기심이 일었다. 그날 당장 지인 몇 명에게 물어봤다. "스스로 너그럽다고 생각하세요?" 사람들의 대답은 약속이나 한 듯 같았다.

"그렇게 너그럽지는 못해요. 그래도 너그러워지고 싶고, 그런 사람이 되고 싶긴 해요." 왜 그렇게 생각하는지 물어보니, 타인에게 그만큼 베풀지 못했기 때문이라는 답이 공통적으로 돌아왔다. 즉 사람들은 대가를 바라지 않고 베풀며 나누어 주는 미덕을 너그러움으로 이해하고 있었다. 마치 성인이나 종교인들처럼, 특별한 사람만 도달할 수 있는 성역 같은 것으로 여기는 듯했다.

그제야 나는 중대한 사실을 한 가지 깨달았다. 내가 질문을 던진 이들 모두 너그러움의 주체를 타인으로 보고 있었다. 타인이 만족하는 너그러움의 정도를 내가 판단할 수 없기에 스스로가 너그럽지 못하다고 대답했던 것이다. 사전에서 '너그럽다'라는 말의 의미를 찾아보면 '마음이 넓고 아량이 있다'라고 정의되어 있지만, 우리는 이 말을 '남에게' 보이는 아량으로만 해석한다. 남이 아닌 '나에게' 보이는 아량으로 '너그러움'을 이해하는 이는 거의 찾아볼 수 없다.

하지만 바로 이 지점 때문에 우리는 오히려 타인을 향한 아량을 지니기가 힘들다. 스스로에게 너그럽지 못하면 남에게도 결코 너그러울 수가 없기 때문이다. 겉으로는 너그러워 보일지 몰라도 이는 자신의 속마음을 억압시키거나 외면한 행동에 불과하다.

아주 약간의 너그러움

예를 들어 사람들은 저마다 불편한 마음 상태가 되면 그것을 벗어나기 위해 즉각적인 반응을 한다. 그중 어떤 사람이 '다행이다', '내가 참으면 다 해결 돼', '모든 것은 마음먹기 달렸어. 감사하게 받아들이자' 식의 생각을 떠올리며 긍정적으로 기분을 전환시키는 것에 에너지를 집중했다고 해 보자. 이제 기분이 긍정적으로 바뀌었으니 이 사람은 너그러움에 도달한 것일까? 아니다. 이 사람은 단지 원치 않는 마음의 상태를 잠시 제거하는 데에 성공했을 뿐이다. 이러한 마음 사용 패턴이 반복되다 보면, 어느 순간 더 이상 참지 못하고 폭발하듯 반응해 버리거나 아니면 스스로를 더 큰 억압으로 밀어 넣는 악순환이 이어진다.

그래서 나는 태평한 세상을 꿈꾸며 이 책을 통해 감히 제안 하나를 하고 싶다. 우리의 너그러움의 주체는 '나'여야 하며 나의 너그러움을 통해 타인을 대상으로 확장시키는 것이어야 한다고. 타인을 향한 베풂이 먼저가 돼서는 안 된다. 오히려 온전히 내가 나를 지키고 보호하는 자기연민, 즉 '자비'와 먼저 연결할 수 있어야 한다. 이때의 자비는 내가 완벽한 존재가 아니라는 것을 인식하고 불완전함을 받아들이는 수용으로부터 시작한다. 한마디로 내가 생각하는 너그러움은 나를 받아들이고 수용하는 것이다.

그렇다면 어떻게 해야 받아들임과 수용하기를 내 삶의 건강한 패턴으로 가져올 수 있을까? 이를 위해 나는 프리츠 펄스(Fritz Perls) 박사가 창안한 게슈탈트 심리치료 이론을 책에서 풀어냈다. 이 과정에서 게슈탈트 심리치료 이론을 한국에 보급, 확대시키기 위해 지금까지도 애쓰고 계시는 김정규 박사의 책《게슈탈트 심리치료, 창조적 삶과 성장》을 주로 참고했음을 밝힌다. 이 이론은 2000년대에 와서 특히 많은 심리상담사들의 주목을 받고 있는 심리치료 기법으로, 지금 여기서 무슨 일이 일어나고 있는지를 다각도로 살피고 해결책을 찾아 나가는 방식이다.

게슈탈트 심리치료의 핵심은 '알아차림'과 '접촉'이다. 책에서도 이 두 가지 이론을 중점적으로 다룰 예정인데, 내 마음 안에서 실제로 무슨 일이 일어나는지 알아차리는 것은 정말 중요하다. 알아차려야만 익숙한 마음 습관에서 벗어나 있는 그대로 수용하는 여유가 생긴다. 이는 우리의 마음이 불 꺼진 집과 같기 때문이다.

어두운 곳에 있다가 집안으로 들어오면 제일 먼저 불을 켜야 한다. 거실, 주방, 안방 순서대로 스위치를 하나씩 누르면 어두웠던 공간에 점차 빛이 퍼지면서 공간 내부에 놓인 물건들이 선명하게 보이기 시작한다. 이것이 알아차림이다. 그렇다면 지금 집안은 어떤 모습일까? 어떤 것은

아주 약간의 너그러움

보기에 아름답고 잘 정돈되어 있다. 하지만 때로는 아침에 바빠서 제대로 치우지 못하고 널려 둔 옷더미가 있을 수 있다. 심지어 남은 음식물이나 버리지 못한 쓰레기가 방치되어 있을지도 모른다. 그렇다고 눈을 감아 버리거나 모른 척할 수는 없다. 살펴본 후 하나씩 제자리에 가져다 두고, 버리고, 치워야만 공간을 다시 깨끗하게 만들 수 있다. 이렇게 환경을 해결하기 위해 행동하는 것이 바로 접촉이다.

우리의 마음에서 일어나는 일들도 마찬가지다. 스위치를 차례로 켜지 않으면 아무것도 알아볼 수 없는 어두운 세계와 같다. 눈으로 확인하지 않으면 당연히 제대로 치울 수 없고, 하나씩 깨끗이 정리하지 않으면 본질적으로 아무것도 바뀌지 않는다.

그런데 이때 우리의 알아차림과 접촉을 방해하는 장애 요인이 있다. '접촉경계혼란'이 그것인데, 이는 우리가 환경에 제대로 접촉하지 못하게 만드는 원인이라 할 수 있다.

예를 들어 짜증이 났을 때 주변 사람에게 짜증을 내다가 오히려 더 큰 화로 번지는 경험을 해 본 적이 있을 것이다. 불안한 기분이 들어서 핸드폰 게임을 하거나 TV를 보거나 밀린 청소를 하는 등 다른 일에 몰두해 보지만, 그 순간이 지나면 불안이 다시 엄습해 오는 경험도 해 보았을 것이다. 너무 싫은 사람이 있어서 그 사람을 마주치지 않기 위해 여러 방법을 시도했지만, 불편한 감정이 여전히 남아 있는 경험도 있을 것이다. 이것은 모두 나의 내면세계에서 일어나는 현상이기에 벌어지는 일들이다. 눈에 보이지 않기에 완벽히 통제할 수 없고, 나의 생각과 행동에 어떤 작용을 하는지 확인할 수 없다. 이 때문에 나와 타인의 감정을 망치는 뾰족한 선택을 하고 마는 것이다. 이렇게 불만족스러운 결과를 만드는 원인이 접촉경계혼란에 해당하는데, 이에 책에서는 접촉경계혼란에서 벗어날 수 있는 방법들도 함께 다루려고 한다.

자신에게도 타인에게도, 너그럽다는 건 참 힘든 일이다. 부정적 관계나 상황으로 인해 심리적 문제를 겪을 때, 사람들이 취하는 편한 방식은 누군가를 탓하는 것이다. 다 저 사람 때문이라며 타인을 비난하고 원망하거나 아니면 내가 뭔가 잘못한 때문이라며 자책하는 것이다. 그러나 이것이야말로 나와 너, 그리고 두 사람을 둘러싼 환경을 모두 놓치는 일이다. 결국 지금 여기의 나를 돌아보지 않는 엄격함은 우리의 삶을 팍팍하게 만들고 불행을 선택하게끔 유도한다.

　　내가 어떤 것을 진정 변화시키고 싶다면, 현재 내 마음이 무엇을 하고 있는지 명확하게 알아야 한다. 그 다음은 알아차림을 통해 연쇄적으로 일어나는 일종의 프로세스와 같다. 그러므로 우리는 알아차림의 수준을 높이기 위해 의도적으로 또 주의해서 내 마음을 관찰해야 한다. 그렇게 찾은 여유야말로 나의 불완전한 틈을 너그럽게 수용하도록 도울 것이며, 결국은 타인을 향한 아량 역시 허용하게 될 것이다. 이제 내 삶에 너그러움을 더하는 방법을 만나 보자.

차례

1장  내 몸과 마음에서
벌어지는 모든 일들

2장 무엇이 나와 너의
너그러움을 방해하는가

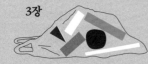

3장 내 삶의 중심을 단단히 하는
접촉의 심리학

내 몸과 마음에서
벌어지는 모든 일들

지금 — 여기의 알아차림에 대하여

가끔 누군가의 행동을 보고 "저 사람은 왜 저럴까?"라는 말을 할 때가 있다. 이 말에는 나의 기준에서는 '절대 저런 행동을 하면 안 된다'란 속내가 숨어 있다. 그런데 도저히 이해할 수 없는 까칠하고 예민한 저 사람의 행동에 그럴 만한 이유가 있었다면 어떨까? 이 경우 우리의 생각은 '그럴 수도 있지'로 바뀌게 된다. 나와 너를 향한 너그러움은 바로 이 '그럴 수도 있지'를 발견하는 것에서 시작한다. 그리고 이는 '알아차림'으로 구체화할 수 있다.

'알아차림'이란 한 개인이 자신의 삶에서 현재 일어나는 내적·외적 현상들을 방어하거나 회피하지 않고, 있는 그대로 지각하고 느끼고 체험하는 것을 의미한다. 나의 내부와 외부에서 일어나는 현상들을 분석하거나 분류하는 것이 아니라 그냥 체험하는 게 핵심이다. 인위적으로 나의 감정이나 생각, 태

아주 약간의 너그러움

도를 꾸미는 것이 아니기에 본연의 나다움을 발견할 수 있다.

　이해가 잘 안 된다면 부분 혹은 전체가 모자이크 처리된 사진을 떠올려 보자. 형태를 알 수 없는 사진을 보며 우리는 각양각색의 추측과 상상을 하게 된다. 이때 어떤 추측과 상상은 오해와 왜곡을 불러일으켜 사실로부터 더욱 멀어지게 만든다. '지금-여기, 알아차림'은 모자이크 처리된 부분을 걷어 내고 사진의 원본을 보는 것과 같다. 실체를 알지 못해 답답했던 부분을 확인하고 우리에게 일어나는 현상을 명료화시키는 것이다.

알아차림의 범위와 영역은 그야말로 다양하다. 간단하게는 감각이나 감정을 자각하는 것부터 넓은 차원에서는 자신의 신념이나 가치관 등을 자각하는 것까지 모두 다 포함될 수 있다.

　얼마 전 나는 한 기업의 개인 상담을 의뢰받아 한동안 광화문으로 출퇴근을 했다. 오랜만에 경험하는 출근 시간 지하철은 그야말로 지옥철. 밟거나 밟히지 않기 위해 온몸에 힘을 줘야만 했다. 그러던 어느 날 내 옆에 서서 핸드폰을 보던 사람이 갑자기 핸드폰을 가방에 넣었다. 덕택에 그 사람과 나 사이에 아주 약간의 간격이 확보되었고, 10cm도 안 되는 공간이지만 그것만으로도 숨통이 트이는 것 같았다. 그때부터 한 가지 문제가 생겼다. 그다음 지하철을 탈 때마다 핸드폰을 들고 서 있는 사람만 보면 못마땅해지고 만 것이다. '아니, 이렇게 서로 밀착되어 있는 상황에서 팔을 그렇게 올리고 있으면 어떻게 해?', '중요한 것도 아닌데 꼭 지금 핸드폰을 봐야 하는 거야?', '키도 큰 사람이 팔을 들고 있으니 계속 몸이 닿잖아. 왜 이렇게 다른 사람에 대한 배려가 없어?' 나의 미간은 어느새 불쾌한 광경을 봤을 때처럼 온통 힘이 들어가 있었다. 그러다 문득 나는 내가 상황을 못마땅해한 나머지 계속해서 기분을 더 나쁜 쪽으로 몰아가고 있음을 알아차렸다. 그제야 감정을 바꿔야겠다는 생각이 들면서 상황에 대한 주도권을 가져올 수 있었다.

이렇게 알아차림은 지금 여기의 내가 어떤 상태인지를 자각할 수 있게 해 준다. 그래서 게슈탈트 심리치료의 창시자인 프리츠 펄스는 "알아차림 그 자체가 바로 치료적일 수 있다"라고 말하기도 했다. 그만큼 개인의 심리 문제를 다루는 데 있어서 알아차림은 중요하며 모든 것의 시작이 된다.

다행히 알아차림은 훈련이 가능하다. 알아차림과 연결된 일들은 우리의 일상 어디에서든 마주할 수 있기에, 신체

아주 약간의 너그러움

감각이나 욕구, 감정, 생각, 이미지, 행동, 환경과 상황 등에 집중해서 인지하는 연습을 해 볼 수 있다. 일반적으로 자신의 현 상태를 알아차리고 나면, 그 다음엔 이를 해결하기 위해 내부와 외부 에너지를 동원하게 된다. 심리적으로 막히거나 쌓아 두는 일이 자연스럽게 없어지므로 보다 안정적인 마음의 평화를 누릴 수 있다. 이와 반대로 알아차림을 방해하거나 또는 알아차림 후 실제 행동까지 연결되지 않을 경우, 우리의 너그러움에는 빨간불이 켜질 수 있다.

알아차림은 매 순간 나를 인생의 주인공이 될 수 있도록 안내하는 신비한 힘을 지니고 있다. 이 장에서는 알아차림의 수준을 높이기 위해 우리가 일상에서 의식 또는 무의식 속에 차단하며 놓치고 있었던 몇 가지를 이야기하려고 한다. 대표적인 알아차림의 요소를 살펴보면서 내 상태를 자각하는 연습을 해 보자.

몸의 신호를
차단시키는
사람들

입버릇처럼 뭐든 괜찮다고 말하는 친구가 있었다. 그런데 내 눈에는 전혀 괜찮아 보이지가 않았다. 괜찮다고 말하는 친구의 눈시울은 발갛고, 턱은 불수의적으로 움찔댈 때가 많았기 때문이다. "너 지금 괜찮다고 말하면서 금방이라도 울 것 같은 표정인데… 진짜 괜찮은 거 맞아?"라고 물으면 친구는 "내가 그랬어? 잘 못 느꼈는데…"라며 대답을 피할 뿐이었다. 그 친구가 최근엔 더욱 다운되어 보였다. "너 지금 전혀 괜찮아 보이지 않아. 말하면서 목소리도 떨리잖아. 뭔데?"라고 다그치듯 묻자 그제야 친구는 입을 열었다. "사실 츄츄(친구가 키우는 열한 살 강아지)가 몸이 좀 안 좋아. 내가 제대로 돌봐 주지 못해서 그런 것만 같아서…"라며 코를 훌쩍거렸다. 그러면서 들키고 싶지 않았는데 내가 집요해서 들키고 말았다며 흐르는 눈물을 닦아 냈다.

　나 또한 애완견을 키우는 반려인이기에 친구가 느끼는 슬픔과 죄책감이 무엇인지 조금은 이해할 수 있었다. 츄

츄는 백내장이라 했다. 안타깝지만 노령견에게서 흔히 나타나는 질병 중 하나인데 친구는 자신이 다하지 못한 책임에만 집중해 스스로를 벌주고 있었다. 내 눈에는 친구가 과도하게 불필요한 죄책감 속으로 자신을 밀어 넣는 걸로 보였지만, 그 부분은 우선 차치하자. 여기서 짚고 넘어가야 할 것은 친구가 충분히 고통스러움에도 그것을 오히려 숨기고 괜찮은 척하며 자신이 느끼는 감각들을 차단했다는 점이다.

　무엇이 그녀를 '괜찮아'라는 방패 뒤로 숨게 만들었을까? 친구는 다른 사람들 앞에서 자신이 키우는 강아지의 건강 때문에 기분이 다운되고 마음이 힘들다는 말을 할 수가 없었다. "고작 동물 아픈 것이 그렇게까지 다운될 일이냐", "가족이 아픈 것도 아니고, 죽을병에 걸린 것도 아닌데 뭘 그렇게 요란을 떠냐" 등의 말로 자신의 감정을 하찮게 취급하는 사람들로부터 그동안 많은 상처를 입었기 때문이다. 그래서 감추려고 했는데, "너 지금 괜찮다면서 눈시울은 왜 발개지는데? 너 괜찮다면서 목소리는 왜 울먹이는데?"라는 나의 질문이 "너 얼마나 힘드니? 울고 싶을 거야. 울어도 돼"로 들렸다 했다.

나 또한 속마음을 차단하며 나에게 너그럽지 못했던 때가 있었다. 그리고 그 때문에 몸의 병을 키우고 말았다. 당시 나는 늘 바빴다. 왜 이렇게 무엇 때문에 바쁜 것인지 알 수 없었지만, 쉬는 시간을 온전히 즐기면 안 될 것 같았다. 바쁘지 않은 것은 곧 게으른 것이었고, 게으른 사람으로 평가되고 싶지 않았다. 생산적인 일을 하지 않았다는 생각이 들면 쉽게 잠을 잘 수가 없었다. 하다못해 잠들기 전에 책이라도 몇 장 읽어야만 마음이 편했다. 강사로서 눈에 보이는 그럴듯한 결과, 예를 들어 강의 자료 업데이트, 책 읽기, 교육용 영상편집, 교육 수료와 같은 것들로 날마다 나를 증명해야 한다고 생각했다. 이런 생각들이 깊어지면 영락없이 머리가 무거워졌는데, 그럴 때마다 양손의 검지와 중지를 모아 양쪽의 관자놀이에 대고 '꾹꾹' 눌러 줘야 했다.

지금 생각해 보면 예전의 나는 일부러 몸의 감각을 느끼지 않으려고 애썼던 것 같다. 그래서 몸의 신호들을 민감하게 받아들인다거나 문제 삼아 심각하게 여기지 못했다. 내 몸은 늘 긴장을 유지하는 것에 익숙해져 있었고 목, 어깨, 팔다리의 근육들은 언제나 뻣뻣하고 딱딱하게 굳어 있었다. 나는 이 굳은 근육들을 주어진 시간을 허투루 쓰지 않고 열심히 살았다는 증거로 받아들였다. 그런데 몸의 이상을 느껴 찾아간 병원의 검사 결과는 더 이상 이런 식의 왜곡된 안위를 허락하지 않았다. 열심히 살았다는 합리화는

통하지 않았으며 스스로 건강을 망가뜨리고 있음을 인정해야만 했다. 내 자신이 한없이 미련하게 느껴졌다.

그 당시 나에게 잠시 하던 일을 멈추고, 신체 감각에 주의를 기울여 보라고 말해 줬다면 어땠을까? 잠시 고요함에 머물러도 아무 일도 일어나지 않는다고 안심시키며 멈춤을 권했다면 어땠을까? 그도 아니라면 내가 친구에게 그랬던 것처럼 "괜찮아?"라고 물어봐 주며, 나의 온몸에 얼마나 힘이 들어가 있는지를 비춰 주는 누군가가 있었다면 어땠을까? 나는 들키고 싶지 않았겠지만, 목과 어깨에 잔뜩 힘을 주며 긴장하고 있음을 알아차렸을 것이다. 어쩌면 잘 해내고 싶은 욕심이 과도했음을 깨달았을지도 모른다. 그랬다면 스스로를 괴롭히는 사람은 되지 않았을 거라 생각한다.

상담을 하다 보면 그때의 내 모습을 다시 마주할 때가 있다. 대부분의 내담자들이 자신이 겪은 고통스러운 일을 이야기할 때 목소리가 불안정하게 떨리곤 한다. 혹은 연신 손마디를 주무르거나 팔을 쓰다듬고, 몸의 근육을 잔뜩 웅크려 힘을 주는 등의 신체 움직임을 보인다. 이때 이야기가 끝난 내담자에게 지금 기분이 어떤지 물으면 "편안해요"라고 대답한다. 하지만 내게 보여지는 그의 몸은 결코 괜찮다고 말하지 않는다. 말과 겉으로 드러난 행동이 일치하지 않

아주 약간의 너그러움

는 것이다. 그런 경우 나는 다시 물어본다. "지금 몸의 감각에 집중해 보시겠어요? 무엇이 느껴지나요?"

이렇게 질문해도 스스로의 몸 상태를 쉽게 알아차리지 못할 경우, 좀 더 구체적으로 묻는다. "지금 이야기를 하실 때 목소리가 미세하게 떨렸는데요, 그 순간 무엇이 떠오른 걸까요?", "지금 편안하다고 얘기하셨지만 손에 힘을 꽉 주고 계세요. 기분이 어떠세요?"

그제야 "사실은 슬펐어요", "초조하고 긴장감이 올라왔어요", "이야기를 하면 안 되는데 이래도 괜찮은 건가 싶어서… 순간 부끄럽고 제 자신이 수치스럽게 느껴졌던 것 같아요"라는 솔직한 마음의 소리가 나온다. 만약 그때의 나에게 물었다면, 아마도 나는 이렇게 대답했을 거다. "발을 동동 구르는 모습이 떠올라서 가엽기도 하고 애처로워요."

내 몸에 나타나는 현상은 언어로 표현하고 싶은 나의 감정과 생각, 욕구와 밀접하게 연결되어 있다. 그러니 '내가 왜 이럴까?' 하는 생각이 들고 내 마음을 나조차 알 수 없어 답답하다면, 잠시 고요에 머물러 몸의 감각에 주의를 기울여 보기 바란다. 신체에 집중하고 알아차리는 것은 그 순간 내가 체험하는 것들을 놓치지 않고 강화시켜 주기 때문이다.

꼭 불편하고 불만족한 경우만 해당되는 건 아니다. 기

뿜과 환희의 순간 에너지가 올라올 때도 마찬가지로 신체는 우리의 마음을 비춰 주는 좋은 거울이 된다.

> Q 신체 감각 알아차림을 위한
>   몇 가지 질문들
>
> ☐ 나의 호흡을 느껴 봅니다.
> ☐ 만약 몸이 말을 할 수 있다면 뭐라고 말할까요?
> ☐ 나의 내면 목소리를 주의 깊게 들어 봅니다.
>   무엇이 느껴지나요?
> ☐ 지금 숨을 쉬는 형태(긴 호흡, 한숨, 짧은 호흡 등)는
>   어떤 마음이 표현된 걸까요?
> ☐ 웃음이 나온다면 어떤 마음이 표현된 걸까요?
> ☐ 심장이 쿵쾅거리나요? 심장이 한 번 되어 봅니다.
>   심장이 뭐라고 말을 하고 있나요?
> ☐ 눈물이 흐른다면 그 눈물이 되어 봅니다.
>   눈물이 뭐라고 말을 하고 있나요?
> ☐ 지금 나의 내면에서 들려오는 목소리는 누구의 말을
>   대변하고 있나요? (누가 했던 말인가요?)

감정은 숨을 뿐
결코 사라지지 않는다

오랜만에 만난 친구와 소위 맛집이라 소문난 보리굴비집에 간 적이 있다. 기분 좋게 먹고 나가는데 계산을 기다리는 줄이 꽤 길게 늘어서 있었다. 생각보다 시간이 더 걸렸는데 이 때문인지 내 앞에 서 있던 손님이 연신 한숨을 쉬며 투덜대기 시작했다. 그러다 마침내 계산 차례가 되었는데 아니나 다를까 직원과 실랑이가 벌어졌다.

"그러니까 얼마냐고요?"

"손님, 계산서를 가져 오셨을까요?"

"아니, 빨리빨리 해 줘야 할 거 아냐? 내가 거기 올려 놨잖아요."

"테이블이 다른데… 이게 손님 게 맞으신가요?"

"아, 아까 줬잖아요. 거기 올려놨으니 알아서 챙겼어야지, 무슨 계산을 하면서 이렇게 한없이 기다리게 하고…."

"손님, 이 계산서가 아닌데요."

아주 약간의 너그러움

"아! 진짜 짜증 나 죽겠어. 사람들이 차례도 안 지키고 말이야, 내 거를 먼저 해 줬어야지."

직원의 낯빛이 점점 어두워지기 시작했다. 내가 들어도 이 손님은 직원의 질문에 동문서답을 하면서 무작정 짜증을 내고 있었다. 언성이 높아지는 손님을 향해 이러지도 저러지도 못하던 직원은 그저 곤욕스러운 표정만 지을 뿐이었다. 그렇게 실랑이가 계속 이어졌고, 결국 직원이 그 손님이 앉았던 테이블과 계산대를 왔다갔다 하고서야 계산이 끝났다. 그때까지도 손님의 불편한 항의는 멈추지 않은 채 계속 이어졌다.

함께 식사했던 친구는 요즘 어딜 가나 저렇게 잠깐을 참지 못하고 짜증과 화를 내는 사람들을 종종 보게 된다며 안타까워했다. 사람들이 마음에 여유가 없고 점점 삭막해지는 것 같다고. 나 역시 생각해 보게 됐다. 저 사람은 왜 이렇게까지 화가 난 것일까? 무엇이 이토록 기분을 상하게 한 것일까? 동시에 궁금해졌다. 주변에 있던 모든 사람들의 이목이 자신을 향하고 있을 때 저 사람은 무슨 생각이 들었을지 말이다. 확률은 반반일 것이다. 자신의 정당함을 주장하며 계속 화가 나 있거나 아니면 그렇게까지 화를 낸 자신에게 화가 나거나.

누구나 자신이 한 말과 행동에 후회했던 경험이 있을 것이다. 다음에 또 이런 상황이 되면 그때는 잘 참자거나 행동하기 전 생각을 먼저 하자며 다짐도 해 봤을 거다. 하지만 많은 경우 말과 행동을 통제하지 못하고 또다시 후회하는 일을 반복하고 만다. 이런 경험의 상당수는 자신이 느끼는 감정의 변화를 알아차리지 못하는 것과 연관이 있다. 오랜 시간 억압해 둔 묵은 감정 때문에 둔감해진 탓이다.

지금 내가 느끼는 감정은 역사가 있다. 과거의 해결되지 못한 상처 경험이 지금 내 감정을 지배할 때가 종종 있다. 꼭 트라우마 사건이 아니더라도 오래도록 감정을 자각하거나 표현하지 못하고 습관처럼 억압하며 방어해 왔다면 더욱 그렇다. 마치 오래도록 변비로 고생하던 사람이 숙변을 해결하지 않고서는 변비의 고통으로부터 벗어날 수 없는 것과 비슷하다. 이유 없이 짜증이 지속되거나 작은 일에도 쉽게 흥분하고 더러는 눈물이 샘물 흐르듯 흐르는 일들이 이에 속한다.

심리상담을 통해 만난 이들 중에서 6개월 전 교통사고로 오빠를 갑작스럽게 떠나보낸 중년 여성이 있었다. 그녀는 최근에 느낀 감정과 현재 지금-여기에서 느끼고 있는 감정을 색칠하는 미술 활동을 하다가 급작스레 울음을 쏟아 냈

다. 연유를 묻자 잊은 줄만 알았던 오빠의 기억 때문이라고
했다. 그녀의 자매들은 80대 연로하신 노부모를 생각해 오
빠의 장례가 끝난 후 더 이상 오빠의 이야기를 하지 않았다
고 했다. 가족이 모여도 서로 즐겁게 사는 이야기만 나눴고
자연스레 오빠에 대한 기억도 지워졌다고 믿었다. 그런데
잊은 줄만 알았던 오빠에 대한 감정이 미술 활동을 하면서
고통스럽게 체험된 것이다. 그녀는 연신 죄책감을 느꼈다.

　　나는 그녀가 충분히 슬픔의 감정에 머물도록 안내했
다. 더불어 그녀가 죄책감으로 명명한 감정을 수치심이라
고 바로잡아 주었다. 많은 사람들이 수치심과 죄책감을 혼
동하는데, 두 감정은 비슷한 듯하지만 엄연히 다른 감정이
다. 죄책감이 나쁜 짓을 저질렀을 때 그 행동에 대해 드는
감정이라면, 수치심은 스스로 나쁘다고 느끼는 감정이다.
그녀가 오빠에 대한 기억을 차단한 것은 죄책감을 느낄 만
한 나쁜 행동이 아닌데도, 그녀는 스스로 나쁜 동생이라고
여기며 수치심으로부터 자유롭지 못했다. 그렇게 감정을
제대로 알아차리고 난 후에야 그녀는 그동안 미뤄 뒀던 진
정한 애도의 시간을 가질 용기를 낼 수 있었다.

자신의 감정을 있는 그대로 받아들이지 못하는 사람은 그
감정을 감추기 위해 다른 감정의 가면을 쓰기 쉽다. 지금-

여기에서 느껴지는 짜증, 화, 슬픔, 불안, 두려움과 같은 감정이 있지만, 그 감정에 머물러 있으면 불쾌하기에 차단시키고 보는 것이다. 혹은 해당 감정을 회피하기 위해 빠르게 축소하거나 전환하려 한다. 별일 아니라며 웃음으로 넘기려 하거나, 괜찮다며 아무렇지 않은 듯 다른 일에 몰두하거나 하는 것이 이에 속한다.

　당장은 극복한 것처럼 보일지 모르시만, 짜증, 화, 슬픔, 불안, 두려움 등의 감정은 내면 어딘가에 숨어 있다가 반드시 다시 나타난다. 그 결과 계산대의 줄조차 기다릴 수 없는 신경질적인 사람을 만들기도 하고, 불안한 나머지 '빨리빨리'를 외치는 사람을 만들기도 한다.

실제로 우리가 무의식적으로 차단하려는 감정 중 가장 대표적인 것이 '불안'이다. 어떤 사람들은 불안을 '극복'한다는 미명하에 '완벽'을 선택한다. "더 완벽하게 잘 해내면 돼"라는 이름으로 감정을 차단시키고자 한다. 문제는 자신의 계획대로 일이 잘 흘러가지 않으면 '나는 형편없어', '나는 쓸모없어', '나는 문제가 많은 사람이다', '나는 실패자다', '나는 사랑스럽지 않아', '나는 결함이 있어', '나는 나쁜 사람이다'와 같은 수치심에 사로잡히기 쉽다는 것이다. 그 결과, 자신에게 아주 약간의 너그러움조차 허락하지 못

　아주 약간의 너그러움

한다.

수치심은 개인이 느끼는 감정과 경험을 자유롭게 드러내지 못하게 하고, 더 나아가 자신의 감정을 들키지 않으려고 애쓰는 솔직하지 못한 사람을 만든다. 일상생활에서 경험하는 감정을 생생하게 느끼지 못하게 만들고, 어렴풋이 느끼는 수준에 그치게 한다. 혹은 생각에 빠져 분석하고 평가하게 만든다. 그러다 보니 충분히 만족하는 일이 드물 수밖에 없고, 자신의 삶을 그리 행복하지 않다고 해석한다.

우리가 무의식 또는 의식적으로 차단했던 감정은 겉으로는 사라진 것 같지만 내 몸과 마음 구석에 차곡차곡 쌓인다. 이렇게 숨어 있던 감정은 언제고 다시 나타나 나를 부정적인 생각에서 벗어날 수 없도록 흔들어 대는 불청객이 된다. 그러니 일상생활에서 체험하는 감정을 그대로 자각하고 드러내는 것에 우리 모두 너무 인색해지지 않았으면 한다.

오래된 가수 시인과 촌장의 노래 〈풍경〉은 하나의 가사가 노래 전반에 걸쳐 계속 반복된다. '세상 풍경 중에서 제일 아름다운 풍경, 모든 것들이 제자리로 돌아가는 풍경.'

내가 느끼는 모든 감정은 노랫말의 풍경처럼 그저 자연스러운 것이다. 문제될 게 전혀 없으며 숨기기 위해 애써 방어할 필요도 없다. 그럼에도 불구하고 오랜 시간 차단과

방어가 패턴이 되어 버린 사람들은 자신의 감정을 알아차리는 것이 어렵기만 하다. 그럴 때는 잠시 생각을 멈추고 느낌과 감정에 집중해 보자. 감정을 생산하는 주체는 나다. 나조차도 내가 느끼는 감정을 무시하고 하찮게 여긴다면 그 감정을 공감받을 수 있는 기회는 영영 사라지고 말 것이다.

Q 감정 알아차림을 위한
몇 가지 질문들

☐ 지금 어떤 기분이 느껴지나요?

☐ 생각을 멈추고 현재의 느낌에 집중해 봅니다.

☐ 잠깐 눈을 감고 호흡에 집중합니다. 무언가 떠오른 생각이 있다면 그것에서 어떤 감정이 느껴지나요?

☐ 거울을 들고 나의 얼굴 표정(미소 짓는, 찡그림, 멍한 등)을 자세히 본 후 어떤 감정이 느껴지는지 알아차려 봅니다.

☐ 지금 느끼는 감정에 이름을 붙여 보세요.

☐ 내가 느끼는 감정이 되어 이야기해 봅니다. 감정이 뭐라고 말을 하나요?

☐ 지금 느껴지는 감정을 색깔로 표현해 봅니다. 떠오른 색깔은 무엇과 연관되어 있나요? 특별한 의미가 있습니까?

아주 약간의 너그러움

힘들고
재미없고
화가 나는
진짜 이유

내 친구 중 하나는 누가 보더라도 성공한 커리어우먼의 포스를 가득 풍긴다. 남들이 부러워하는 직장을 다니며 비싼 차에 본인 명의 아파트는 기본이다. 1년에 1~2번씩 해외여행은 당연한 거고 통장엔 현금이 빵빵하다. 그런데 그런 친구가 입버릇처럼 하는 말이 "인생이 재미가 하나도 없어"라는 한탄이었다. "여행 갈까?"라고 물으면 "아~ 귀찮아. 넌 체력도 좋다"라며 살짝 까칠한 반응이 돌아왔고, "사고 싶었던 옷이 있는데 할인한대. 같이 가자"라고 하면 "그냥 있는 옷 입어. 이 나이에 뭘 더 새로워질 게 있다고…"라며 세상 다 산 표정을 지으며 회의적인 반응을 보였다. 그 친구가 누리는 배경이 부러웠던 나는 "너 같은 애가 인생이 재미없으면 나 같은 사람은 진짜 무슨 재미로 사냐? 네가 편하니깐 아주 그냥 복에 겨웠지!"라고 받아치곤 했었다.

외적인 기준으로 볼 때 남부럽지 않은 삶을 살고 있는 사람들 중에 내 친구처럼 인생이 무료하다며 공허감과 우울감을 호소하는 경우가 종종 있다. 겉으로는 성공한 인생을 살고 있는 이들이 실제로는 재미없는 일상을 살게 된 이유는 무엇일까? 그 답은 의외로 간단하다. 자신이 무엇을 원하고 필요로 하는지 명확한 욕구를 자각하지 못한 데 있다. 무엇을 위해 노력과 시간, 돈을 들여 애쓰며 살고 있는지 그 실체를 알 수 없기에 일상이 그저 답답하고 무료하게 느껴지는 것이다. 또는 자신이 진짜 추구하고 싶은 욕구를 자각하는 것이 두렵거나 수치심을 가지고 있는 경우에도 그렇다. 자신의 욕구를 정확하게 알아차리지 못하면, 이는 자신뿐만 아니라 주변 사람들을 비난하거나 괴롭히는 주범이 되기도 한다.

나 역시 그런 경험이 있다. 결혼을 하고 3년이 지나 아이를 임신했을 때, 그 시기는 내가 10여 년의 직장생활을 청산하고 제2의 커리어를 쌓기 위해 강사로서 고군분투했던 때였다. 강의를 하고 남는 시간은 책을 보고, 자료를 만들고, 교육을 들으러 다녔고, 그렇게 살아도 하루 24시간이 늘 부족했다. 그런데 예상치 못하게 임신을 했으니 충격이 컸다. 아이에게는 너무 미안한 이야기지만 그 당시엔 기쁘기보다 걱정이 더 컸다. 계획했던 것과는 다르게 자꾸 상황이 꼬이는 것만 같아 화가 나기도 했다. 그렇다고 이런 내 마음을 솔직하게 말할 수는 없었다. 그렇게 말하면 사람들로부터 손가락질을 받을 것만 같았다. 그래서 아무렇지 않은 척 태교를 하며 여유 있게 일상을 보내려고 했다. 아이가 태어나고 일과 육아를 병행하면서도 나의 이러한 태도는 계속 이어졌다. 그런데 문제가 생겼다. 임신과 육아는 쏟아야 하는 노력의 양과 질이 확연히 딸랐다. 나는 결국 소진되고 말았다. 잠을 편히 잘 수 없었고 늘 피곤한 상태를 벗어나지 못했다. 작은 것 하나라도 통제되지 않으면 화가 났고, 점점 더 예민하고 신경질적인 사람으로 변해 갔다. 이 불쾌하고 피곤한 감정을 무엇으로 해결해야 좋을지 도무지 방법이 떠오르지 않았다. 급기야 나의 폭발할 것 같은 에너지는 남편을 원망하는 방향으로 가닥을 잡았다.

나는 남편이 나와 아이, 가족에게 시간을 많이 쓰지 않는 이유가 그가 자신밖에 모르는 이기적인 사람이며 나를 향한 사랑이 식었기 때문이라고 생각했다. 그 때문에 화가 났고, 어떻게든 내가 화가 나 있다는 것을 남편에게 알려야 할 것만 같았다. 남편이 알아차리지 못할수록 더 세게 더 상처 되는 말들을 찾아 날것의 목소리를 그대로 들려주려 애썼다. 하지만 그때마다 남편은 엇나갔고 내 바람과는 다르게 자기방어에 더 많은 에너지를 쏟았다. 남편이 나도 힘들다고 말할 때마다, 그가 우리의 결혼을 후회하며 원망하는 것처럼 느껴져서 더 화가 치미는 날의 반복이었다.

입버릇처럼 '힘들다, 재미없다, 화가 난다'라고 말하는 사람들은 많지만, 정작 자신이 무엇 때문에 힘든지, 무엇 때문에 재미없는지, 무엇 때문에 화가 나는지에 대해 물으면 구체적으로 떠올리지 못한다. 그것은 알지 못한다는 뜻이다. 나 또한 그 시절 내가 왜 그렇게 화가 났는지 제대로 알지 못했었다.

남편을 향해 나는 도대체 무슨 말이 하고 싶었던 걸까? 끝없는 싸움에 지치고 극단적인 상황 직전까지 몰리고 나서야, 나는 스스로 '네가 진짜 원하는 게 뭔데?'라고 반문할 수 있었다.

"나는 사랑받고 싶어."
"나는 소중한 사람이 되고 싶어."
"나는 성장하고 싶고, 성공하고 싶어."
"나는 멋진 커리어 우먼으로 인정받고 싶어."

하지만 이런 나의 말은 남편에게 조금도 전달되지 못했다.

아니, 어쩌면 전달하고 싶지 않았다가 맞는 표현일지도 모르겠다. 나는 이런 말들을 전하는 것이 내가 '약한 사람'임을 인정하는 꼴이라고 생각했고, 그것을 자존심 상하는 일이라고 여겼기 때문이다. 그때 내가 새롭게 알게 된 원리가 '욕구 알아차림'이었다. 그리고 감사하게도 이것이 내가 상담 심리에 발을 들여놓게 된 첫 출발이었다.

우리가 원하고 바라는 욕구는 언제나 지금 – 여기에서 일어나는 자연스러운 현상이다. 하지만 어떤 경우는 과거 내가 그랬던 것처럼 하찮게 취급하며 뒷전으로 밀어 놓는다. 급하지 않다는 이유로, 중요하지 않다는 이유로 억압하는 것이다. 또는 타인의 시선을 지나치게 의식한 나머지 알아차리지 못한 척 나의 욕구를 스스로 포기하거나 차단해 버린다.

그래서 욕구를 알아차린다는 것은 결코 쉬운 일이 아니다. 그 당시의 나 또한 한동안 자고 일어나면 제일 먼저 방바닥에 감정 카드와 욕구 카드를 펼쳐 놓고 그 순간 느끼는 감정과 욕구를 알아차리기 위해 집중하는 연습을 했었다. 그렇게 며칠을 반복하고 났더니 그제야 카드에 적혀 있던 낱말들이 머릿속에 들어오기 시작했고, 어느 순간 일상 속에서 감정과 욕구를 찾아내는 것에 익숙해졌다. 뿌옇던

안개층 하나를 통과하는 느낌이었다.

　내가 화가 났던 이유도 내가 불안했던 이유도 내 마음을 몰라서 생긴 감정이라는 것을 그제야 깨달았다. 그리고 내가 마음속으로 가지고 있었던 '성장하고 싶다, 커리어우먼이 되고 싶다'는 욕구가 좀 더 선명해졌다.

하지만 내 마음속 욕구를 알아차리는 것과 이를 다른 사람에게 공유하며 소통하는 것은 별개의 문제다. 예를 들어 나는 성장의 욕구를 가지고 있었지만, 상대방이 느끼기에 '성장'이라는 명사는 모호하게 느껴질 수 있다. 그래서 욕구를 전달할 때는 명사를 동사로 바꿔서 구체적으로 표현하는 것이 좋다. 나는 남편에게 말했다.

　"나는 내 시간이 조금 더 필요해. 당신이 조금만 도와주면 좋을 것 같아." 그러고 나니 성장의 욕구를 충족시키기 위해 어떤 구체적인 행동이 필요한지 좀 더 표현할 수 있게 되었다.

　"육아와 가사 일에 쓰는 시간을 조금 줄일 수 있다면 내가 책을 보고 자료 만드는 시간을 늘릴 수 있어서 마음이 조급해지지 않을 것 같아." 남편은 나의 말에 공감하며 이렇게 대답했다.

　"그렇게 원하는 것을 구체적으로 말해 주니 당신에게

존중받는 느낌이 들어. 앞으로도 그렇게 표현해 주면 너무 고마울 것 같아." 예상치 못한 반응이었다. 그 반응이 나는 무척이나 반가웠다. 애쓰고 있는 나를 지켜봐 주고, 인정해 주는 것만 같아 큰 위로가 되었다. 동시에 남편에게도 충족되지 못한 욕구가 있음을 그제야 알아차릴 수 있었다. 내가 성장에 대한 욕구가 있었던 것처럼 남편은 '존중'의 욕구를 가지고 있었던 것이다.

내면에서 일어나는 욕구를 분명하게 알아차리고 표현하면 우리는 상대방에 대한 추측이나 분석을 멈출 수 있게 된다. 자연스럽게 오해와 왜곡이 줄어들기 때문에 관계에서 발생하는 갈등을 해결하는 데 큰 도움이 될 수 있으며, 서로에게 조금 더 너그러워지는 계기를 마련할 수 있다.

 욕구 알아차림을 위한
몇 가지 질문들

☐ 지금 무엇이 자각되나요?

☐ 내가 지금 원하는 것은 무엇인가요?

☐ 앞 질문에 대한 대답 중에서, 명사가 있다면
그것을 동사로 바꾸어서 다시 이야기해 보세요.

아주 약간의 너그러움

☐ '나는 무엇을 하고 싶다', '나는 어떻게 하기를 원한다'와
같은 문장을 3개 정도 완성시켜 봅니다.
말을 한 후에 어떤 것이 떠오르나요?

☐ 원하는 것을 충족하지 못하면 어떤 일이 벌어질까요?
그렇게 생각한 이유는 무엇입니까?

☐ 원하는 것을 충족한다는 것은 나에게 어떤 의미인가요?

사람에겐
자신만의
언어 지문이 있다

미국의 사회심리학자 제임스 W. 페니베이커는 그의 책《단어의 사생활》에서 인간은 어딜 가든 어떤 상황에서든 자신만의 '언어 지문'을 남긴다고 말했다. 손의 지문은 들어 봤지만 언어 지문이란 말은 처음 들었기에 책을 읽는 내내 흥미로웠다. 잘 알다시피 우리 손의 지문은 개인마다 다르고 평생 변하지 않으며 전 세계에 나와 같은 지문을 가진 사람은 단 한 명도 없다. 그렇기에 개인을 식별하는 데 사용되는 것이다. 이와 비슷하게 개인이 사용하는 단어 또한 단서를 추적하여 분석하면 그 단어를 사용한 사람의 개인적 세계를 엿볼 수 있다고 한다. 사람마다 단어를 사용하는 스타일이 다르기 때문이며 이것이 '나'라는 사람의 정체성을 보여주는 일부가 된다는 것이다. 또한 한 사람이 사용하는 언어 스타일은 그 사람의 심리 상태를 반영하기도 한다는 게 그의 연구였다. 나는 깊이 동감했다. 실제 우리의 언어 사용 습관은 다양한 행동 특성을 반영하고 있다. 상담에서는 이렇게 한 사람이 반복적으로 사용하는 언어 스타일을 비춰 주는 것으로써 그 사람의 알아차림 수준을 높여 주기도 한 다.

불안감이 높았던 여성이 있었다. 그녀가 상담에서 자주 사 용했던 말은 이런 것들이었다. "부모님은 어떻게 생각하실 지 모르겠어요", "남자친구의 생각이 궁금하기도 하고요", "친구들이 제 행동을 어떻게 받아들였을지 걱정이 되기도 하고…", "엄마가 화가 나신 건 아닐까 눈치를 보게 되거든 요." 그녀의 이야기 속에는 늘 다른 사람들이 그녀를 어떻 게 평가하고 있을지에 대한 걱정과 우려가 들어 있었다. 자 기를 돌보기보다는 주변 사람들과 상황에 맞추고자 하는 프로세스가 말을 통해 반복적으로 드러난 셈이다. 나는 그 녀에게 "다른 사람 말고 ○○씨는 어떤 점에서 걱정이 되나 요?"로 감정의 주체를 바꿔 질문했는데, 그녀는 이런 과정 이 몇 차례 반복되고 나서야 자기의 감정에 얼마나 소홀했 었는지를 알아차렸다.

　이런 식의 사례는 무수히 많다. 대인관계에 트라우마 를 경험했던 한 내담자는 "결과가 이상하게 나올까 봐", "나를 이상한 사람으로 볼 거 같아서", "내가 조금 이상한 건가요?"와 같이 '이상하다'는 단어를 반복적으로 사용했다. 나는 이렇게 질문했다. "○○씨에게 이상하다는 것은 어떤 것일까요?" 내담자는 내 질문을 듣고서야 자신이 이 단어를 반복해서 사용하고 있음을 인지했고, 이상하다는 말을 통해 자신의 불안에 대해 접근할 수 있었다.

이렇듯 한 사람이 반복적으로 사용하는 언어는 그 사람의 심리적 특성을 반영하는 지문과 같으며, 이를 알아차리는 것만으로도 내 삶의 많은 변화를 일으킬 수 있다.

우리가 사용하는 언어 형식을 바꾸는 것이 심리적 문제 해결에 얼마나 도움이 될지, 고작 단어 하나 바꾸는 것에 무슨 의미가 있을지 의문이 생기는 사람도 있을 것이다. 하지만 나는 '확실히 효과가 있다'고 단언한다.

내가 스무 살이 되던 해 아빠의 교통사고라는 큰일이 있었다. 이때 나를 포함해 우리 가족은 급작스레 많은 변화를 겪었다. 갑작스레 생계를 책임져야 했던 엄마는 몸을 혹사시킬 수밖에 없었는데, 몸과 마음의 고통을 넋두리 같은 혼잣말로 표출할 때가 많았다. "지지리 복도 없는 인생", "무슨 부귀영화를 누리겠다고 여태 살고 있는지…", "아니, 뭐 하나 잘되는 게 있어야지" 같은 말들이었다. 하지만 허공을 향한 이런 비난의 말들은 나의 신경을 늘 건드렸다. 엄마의 불만 섞인 소리를 들을 때마다 내가 속으로 생각했던 말은 '나야말로 엄마 때문에 화나고 짜증 나 미치겠어'였다.

그러던 엄마가 책 한 권을 읽기 시작하더니 어느 날 이런 말을 했다. "세상 마음먹기 달렸더라. 내가 어떻게 마음먹느냐에 따라 평생이 고통일 수도 있고, 그냥 아무것도 아닌 게 될 수도 있어." 엄마는 현실을 바꿀 수 없으니 그저 받아들이기로 했다며, 자기 기분을 망치는 말을 하지 않기로 마음먹었다고 했다. 듣던 중 반가운 소리였다. 그 뒤로 엄마의 넋두리는 정말 눈에 띄게 줄었고, 나의 마음도 조금씩 평정심을 찾는 것 같았다. 하지만 그 뒤로도 내 맘은 생각처럼 편하지가 않았다. 나는 직장의 동료 때문에, 오랜 친구 때문에, 애인 때문에, 누구누구 때문에 끊임없이 화나고 짜증이 났다.

그 당시에는 내가 놓치고 있던 것이 무엇인지 몰랐지만 이제는 안다. 나의 불행과 불쾌한 감정과 화는 엄마나 주변 사람들 때문이 아니라 온전히 내가 만들어 낸 것이며, 그렇기에 내가 책임져야 하는 것임을 말이다. 나는 감정의 주체를 제대로 파악하지 못했던 것이다.

자신이 원하는 것을 충족시키지 못하는 사람들의 공통된 특징 중 하나가 자신의 행동에 대해 책임지지 않으려는 회

아주 약간의 너그러움

피적 언어 습관이다. 사용하는 언어에서 행동의 책임 소재가 불명확한 것이다. 이 경우 언어 형식을 바꾸어 말하는 연습을 하면, 자신의 감정, 생각, 욕구를 명료화함과 동시에 책임질 수 있게 된다.

감정의 주체를 명확히 하는 것은 생각보다 간단하다. 언어의 형식을 고쳐 말해 보면 된다. 주어의 인칭을 '나'로 바꿔서 말하거나 수동형을 능동형으로 바꿔 보는 것이다. 예를 들어 "나는 그런 것은 할 수 없어요"라고 표현하지 않고 "나는 그런 것은 안 할래요"로 말한다. 못하는 것이 아니라 안 하는 것임을 분명히 하는 것이다. 나처럼 "엄마 때문에 화가 나요"라는 말을 주로 하고 있다면, "엄마의 말을 듣고 저는 화를 내기로 선택했어요"라고 바꿔 줄 수 있다. 내가 선택해서 벌어진 일이라면, 앞으로 내가 선택을 안 하면 되는 게 아닌가. 이런 식으로 일상에서 바꿔 볼 수 있는 언어 형식은 매우 다양하다.

말을 끝낼 때마다 "~그 책임은 제가 집니다"라거나 "그렇게 보는 것은 저의 시각입니다"로 마무리하는 것도 같은 맥락이다. 예를 들어 "아무 말도 하지 않겠습니다. 그리고 그 책임은 내가 집니다", "화가 납니다. 그리고 그 책임은 내가 집니다."로 표현해 보거나 "나는 A가 비겁해 보입니다. 그렇게 보는 것은 나의 시각입니다", "나는 A가 가식적으로 보입니다. 그렇게 보는 것은 나의 시각입니다" 등과 같이 말한다. 이런 표현은 자신의 모든 행위에 대한 선택과 책임의 소지를 확실히 할 수 있어서 매우 효과적이다. 책임의 소지를 명확히 해야 하는 이유는 자신이 당면하고 있는 어려움이나 증상들이 궁극적으로는 모두 자기 스스로 만들어 내고 있음을 알아차리고 받아들이도록 해 주기 때문이다. 이를 통해 새로운 행동의 가능성을 열어 줄 수 있으며, 스스로 인정하고 싶은 것과 그렇지 않은 것까지 수용하도록 돕는다.

이와 반대인 경우도 있다. 때로는 누구나 흔히 사용하는 추상적인 언어들이 우리의 알아차림을 방해하기도 한다. 상담 중 가장 많이 나오는 것이 부모님에 대한 이야기인데, 이때 자주 듣는 말 중 하나가 "저희 아버지는 엄한 분이셨어요"라는 표현이다. '엄하다'라는 말이 의미하는 건 무엇일까? 사전적 의미로 본다면 '규율이나 예절을 따지는 데에 매우 딱딱하고 바르다'란 뜻이다. 그런데 모든 내담자가 동일하게 이런 의미로 엄하다는 개념을 사용하는 것 같지는 않다. 왜냐하면 아버지가 어떻게 엄하셨는지 구체적인 예를 들어 설명해 달라고 요청했을 때, 들려주는 답이 모두 달랐기 때문이다. 어떤 사람은 말이 없고 자녀들을 통제하려는 모습에서 엄하다는 생각을 했고, 어떤 사람은 자주 야단을 쳤기 때문에 엄하다고 생각했다.

이와 유사한 예는 너무나 많다. 매사에 불안과 긴장도가 높았던 내담자가 있었는데, 그녀는 익숙하지 않은 새로운 일을 하는 것에 대한 불안이 매우 높았다. 이 때문에 취직에 어려움을 겪었는데, 구직 활동은 열심히 하지만 막상 취업의 기회가 오면 여러 가지 핑계를 대며 회피하곤 했다. 회피할 수밖에 없는 이유에 대해 물으니 무섭기 때문이라고 대답했다. 나는 그녀에게 어느 때 무서움을 느끼는지 구체적인 예를 들어 말해 달라고 했다. 그녀는 곧바로 서울역의 노숙자를 떠올렸다. 나 또한 과거 서울역 지하도에서 노숙자들을 만나면 빠른 걸음으로 그곳을 지나쳤던 기억이 있기에 무섭다고 말하는 내담자를 이해할 수 있었다. 그러나 내담자의 경험은 분명 나와 다를 수 있기에, 나는 서울역의 노숙자가 왜 무서움과 연결되는지 다시 물었다. 그녀의 대답은 내 예상 밖이었다. "제 미래가 그 노숙자들처럼 될까 봐 무서워요." 내가 떠올린 무서움은 술에 취한 노숙자의 돌발적이며 공격적인 행동이었는데 내담자는 나와는 완전히 다른 미래에 대한 불안을 떠올렸던 것이다.

대부분의 사람들은 본인이 사용한 단어에 대해 구체적으로 떠올려 보기 전까지는 자신이 어떤 맥락에서 그 단어를 선택했는지 잘 알지 못한다. 그러므로 우리의 심리적 문제를 해결하기 위해서는 일반적으로 사용하는 개념이나 추상적인 언어 표현을 개인적 경험을 토대로 구체화해서 정확한 형체를 알아볼 수 있도록 하는 게 중요하다. 그것이야말로 미래가 아닌 지금-여기의 현재에 머무르는 연습이다.

Q 언어 알아차림을 위한 몇 가지 표현 바꾸기

☐ '그것', '우리' 등과 같은 인칭 대명사 대신 '나'라는 1인칭 대명사를 사용합니다.

☐ 명사 대신 동사를 사용합니다.

☐ 수동태 대신 능동태를 사용합니다.

☐ 다음 예시를 참고해서 선택의 주체를 명확히 하는 말을 사용합니다.

- "~ 때문에 화가 나요."
- →"~행동 때문에 나는 화를 내기로 선택했어요."
- "A 때문에 화가 나요."
- →"나는 지금 A를 향해 화를 만들어 내고 있어요."
- "~하지 않으려 했습니다. 하지만~"

아주 약간의 너그러움

→ "~하지 않으려 했습니다. 그리고~"

- "나는 질식할 것 같습니다."

→ "나는 나 자신을 질식시키고 있습니다."

- "나는 A가 불쌍해 보여요!"

→ "나는 A가 불쌍하다고 생각합니다."

- 말끝에 "~그리고 그 책임은 내가 집니다"라고
  덧붙입니다.

- 말끝에 "~그렇게 보는 것은 나의 시각입니다"라고
  덧붙입니다.

☐ 바꿔 말한 후에 어떤 감정과 생각이 떠오르는지
이야기해 보세요.

익숙함에서
벗어나야
보이는 것들

게슈탈트 심리학에서는 나를 제외한 모든 것을 삶에서 만나는 '환경'으로 본다. 하지만 우리가 미해결 과제로 인해 너무 자신에게 몰입되어 있으면 주위에서 일어나는 사건이나 상황을 잘 자각하지 못한 채 현실과 단절되어 살기가 쉽다. 그야말로 다양한 환경 속에 살고 있지만 환경을 느끼지 못한 채 살아가는 것이다.

우리 가족은 두 살 된 반려견 세모와 함께 살고 있다. 세모는 여느 강아지들처럼 산책을 무척 좋아하는 푸들인데, 요즘 나는 이 작은 생명체 덕분에 그동안 잊고 지냈던 산책의 즐거움에 푹 빠져 있다.

세모와 내가 산책하는 길은 늘 정해져 있다. 어제 걸었던 길을 오늘 똑같이 다시 걷는다. 나의 눈으로는 그저 같은 길이지만, 세모는 매일 새로운 마음으로 신이 나서 걷는다. 느리게 걷다가 갑자기 뛰기도 하고, 뛰다가 갑자기 멈춰서 작은 풀과 나무들에 코를 처박고 한참 동안 냄새 맡는 일에 집중하기도 한다.

한번은 철쭉이 만발했던 때의 일이다. 세모가 철쭉꽃 이파리에 코를 박고 있었는데, 그 모습이 너무 귀여워 지켜보다 무심코 땅바닥으로 시선을 옮기게 됐다. 바닥에는 분홍, 빨강의 떨어진 철쭉꽃이 흩어져 있었다. 그렇게 떨어진 꽃잎을 보다가 순간 철쭉꽃이 지는 형태가 동백꽃과 같다는 것을 발견했다. 꽃잎이 바람에 날려 한 장씩 떨어지는 것에 훨씬 익숙했던 터라 이 작은 발견이 무척 신기하고 흥미롭게 느껴졌다. 남들이 들었을 땐 별거 아닌 현상이겠지만 그날따라 가슴 벅찬 기쁨으로 다가왔고, 나를 이끌어 준 세모에게 고마운 마음이 들었다. 이후 우리 둘의 산책길은 매일 같은 길에서 낯섦을 발견하는 장이 되었다.

내가 반려인으로 살기 시작하며 읽었던 책 중《우리가 알고 싶은 삶의 모든 답은 한 마리 개 안에 있다》란 책이 있다. 14년간 '보바'라는 이름을 가진 개와 살며 작가가 깨달은 것들을 쓴 글인데, 그는 삶이란 결코 머릿속이 아니라 바로 지금 여기 우리 눈앞에서 이루어지는 것임을 한 마리 개 보바를 통해 배웠다고 말한다. 나 역시 세모와 산책을 할 때면 그 책에서 읽었던 구절들이 자연스럽게 떠올라 나도 모르게 '맞아'라며 피식 웃음이 난다.

아주 약간의 너그러움

내가 만약 산책길에서 세모의 시선을 따라가지 않고 머릿속 생각에 빠져 있었다면 안타깝지만 나는 여전히 철쭉꽃의 지는 형태를 모른 채 살아가고 있을 것이다. 이는 보았지만 아무것도 보지 못한 것이며, 들었지만 아무것도 듣지 못한 것과 같다. 이것이 바로 주어진 삶을 제대로 누리지 못하는 '마음 놓침'의 순간들이다. 조금만 주의를 기울이면 보고 들을 수 있는 것들을 우리는 왜 지나쳐 버리는 것일까? 바로 머릿속에 해결해야 할 문제와 생각들로 가득 차 있기 때문이다.

나는 일의 특성상 지방 이동이 잦은 편이다. 주로 기차를 이용하는데 기차 안에서 차창 밖으로 지나치는 풍경들을 보고 있으면 마음은 평화로워지고 몸은 이완되는 느낌을 받는다. 그런데 가끔 시선은 차창에 고정 시킨 채 앉아 있지만 평화롭다거나 이완되는 느낌을 전혀 못 받을 때가 있다. 처리해야 할 일들로 생각이 꽉 차 있을 때인데, 그야말로 눈과 머리가 따로 움직이는 상황이다.

골똘히 생각에 빠져 길을 걷다가 문득 주위를 둘러봤는데 언제 피었는지 모를 꽃들이 가득한 것을 보고 '언제 이렇게 계절이 바뀐 거지?'라며 머쓱했던 경험이 있을 것이다. 이는 주변에서 어떤 일이 일어나고 있는지 또 어떤 변화가 있는지 등 환경에 대한 알아차림을 놓치고 있는 것이다. 그런데 이때의 환경이란 외적으로 보이는 내 주변의 자연 풍경만을 의미하지 않는다. 머릿속 생각과 사고에서 벗어나 현실을 인식하고 알아차리는 자체를 말한다. 주변 환경을 알아차리는 것이 신체 감각과 감정, 욕구와 연결되어 있기 때문이다.

오감을 통해 지각되는 실제 환경을 제대로 알아차리지 못하는 것과 더불어, 자신이 처한 상황을 잘 알아차리지 못하고 왜곡하여 지각할 경우에도, 고통은 지속적이고 반복적으로 나를 괴롭힌다.

직장에서는 해결사라는 닉네임으로 불리고 가정에서는 일명 독박육아를 해내는 여성이 있었다. 그녀는 자신이 최근 평소답지 않게 직장 동료나 가족들에게 예민하고 신경질적으로 반응하는 일이 많으며, 일에서도 작은 실수들이 이어지고 있다며 한숨을 쉬었다. 그리고 안타깝지만 그녀의 예민함은 주로 어린 자녀들을 향할 때가 많았다. "도대체 엄마가 어디까지 다 챙겨 줘야 해? 엄마도 피곤해", "엄마 없을 때 니들끼리 알아서 밥 정도는 챙겨 먹을 수 있지 않아?", "숙제하는 것까지 엄마가 일일이 꼭 말을 해야 하니?", "그렇게 반찬 투정할 거면 밥 먹지 마(밥그릇을 빼앗

아주 약간의 너그러움

으며)! 들어가!"

　이야기를 듣다 보니 그녀 혼자서 해내는 일이 과도하게 많다는 생각이 들었다. 아마도 한계에 다다른 게 아닌가 싶어서 이 부분을 어떻게 생각하는지 물었다. 그녀는 이렇게 답했다. "다들 이 정도 역할은 해내며 살지 않나요? 저는 제가 한 번도 너무 많은 일을 하고 있다고 생각한 적이 없어요. 오히려 나이가 들면서 자꾸 실수가 이어지니 그게 못마땅하고 주변에 미안한 거죠." 그녀는 끊임없이 자신은 결코 많은 일을 하는 게 아니라고 강조했다.

　나는 그녀가 현실보다 더 엄격하게 자신을 대하고 있다는 생각이 들었지만, 조금 더 객관적으로 그녀의 상황을 확인하기 위해 '생애 진로 무지개'를 함께 그려 보기로 했다. 생애 진로 무지개는 우리가 삶 속에서 선택하고 책임지는 역할들을 구체화한 뒤, 무지개 칸 안에 이 역할을 시작하는 나이와 마치게 되는 나이를 그려 넣는 활동이다. 이는 진로상담학자 슈퍼(Donald E. Super)가 만든 것인데, 슈퍼는 직업 선택의 과정을 생애 역할의 맥락에서 이해하고자 했으며, 개인이 동시에 수행해야 하는 여러 가지 역할들이 서로 영향을 끼친다고 주장했다. 그래서 이 활동을 통해 자신의 발달 단계와 현재 수행하고 있는 역할을 직관적으로 확인할 수 있다.

상담실을 찾은 그녀는 '자녀, 학생, 부모, 배우자, 직장인, 종교인, 시민, 여가인(모임 리더)'에 걸쳐 8개의 역할을 그렸다. 그리고 잠시 자신이 그린 생애 진로 무지개를 바라보더니 이내 참았던 눈물을 흘렸다. 내가 왜 눈물이 나는지 이유를 묻자 그녀는 이렇게 답했다. "선생님, 저 정말 아등바등 살고 있었네요. 제가 왜 피곤한지, 왜 실수를 자꾸 하고, 아이들에게 짜증을 내게 되는지 이제야 이해할 수 있을 거 같아요. 동시에 너무 많은 일을 하고 있었어요."

어떤 사람은 자신이 처한 어려움을 실제 상황보다 더 힘겨운 상황으로 해석하기도 하고, 어떤 사람은 매우 어려운 상황임에도 불구하고 별거 아니라며 자신이 처한 상황을 축소해서 지각하기도 한다. 두 경우 모두 왜곡해서 지각하는 것이다. 반복되는 고통에서 벗어나기 위해서는 우선 자신이 처한 상황을 사실대로 알아차리는 것이 먼저이다.

생애 진로 무지개를 그린 그녀 또한 마찬가지다. 그녀는 이제야 자신의 처지를 객관적으로 보게 되었다. 자신이 동시에 많은 역할을 해내며 과도한 책임감을 느끼고 있고, 그로 인해 신체와 정신적으로 한계에 부딪히고 있다는 것을 알아차렸다. 이렇게 상황을 알아차리고 나서야, 그녀는 자신에게 왜 이런 삶의 태도와 행동 패턴이 만들어지게 됐는지

　　　　　　　　　　아주 약간의 너그러움

에 대해 생각할 수 있었다. 그녀는 어린 시절 엄마와 단둘이 살았는데, 늘 자신을 위해 많은 것을 희생하는 엄마를 보며 앞으로는 엄마의 행복을 자기가 책임져야겠다고 다짐했다 한다.

'힘들어도 티 내지 않고 웃어 보이기.'

'주변 사람들을 실망시키지 않기.'

이것이 바로 그녀가 어린 시절 만들어 낸 자기 신념이었다. 이 신념을 지키기 위해 힘들어도 참았고 감정을 억제하고 차단하며 늘 평온한 미소를 유지했던 것이다. 오랫동안 유지해 온 미소는 그녀가 '힘들지 않아. 얼마든지 극복할 수 있어. 그러니 웃을 수 있어'로 자신의 감정과 욕구, 생각을 속이기에 충분했다.

만약 주변 사람들에게 힘든 것을 티내고 표현하면 어떻게 될 것 같은지에 대해 묻자 그녀는 아주 잠깐 멈칫하더니 "아무렇지 않을 것 같아요"라고 대답했다. 그게 어떤 의미인지 다시 물으니 "다들 각자 맡은 일들을 잘 해낼 것 같아요. 또… 제가 힘들다니 제 일도 도와주면서 저한테는 쉬라고 말할 것 같고…"라고 말하며 조금 겸연쩍은 미소를 지었다.

우리는 가끔 익숙함의 노예가 되어 버린다. 하지만 삶의 반복되는 고통은 익숙함 속에 답을 가지고 있지 않다.

어색하기도 하고 더러는 두렵거나 불안할 수도 있지만 익숙함에서 빠져나와 현재 처한 상황을 객관적으로 볼 수 있어야 한다. 상황을 제대로 보게 되면 우리는 익숙함을 핑계 삼아 미뤄 뒀던 많은 숙제를 풀 수 있는 실마리를 찾게 될 것이며, 나에게 약간의 여유와 너그러움을 허락할 수 있게 된다.

생애 진로 무지개 그리기

지금 삶에서 가지고 있는 역할을 찾아보세요. 그다음 각 생애 역할이 시작된 연령(왼쪽)을 체크한 후 해당 역할이 끝나게 되는 연령(오른쪽)에 체크합니다. 역할마다 구분되도록 다른 색깔로 표시하세요.

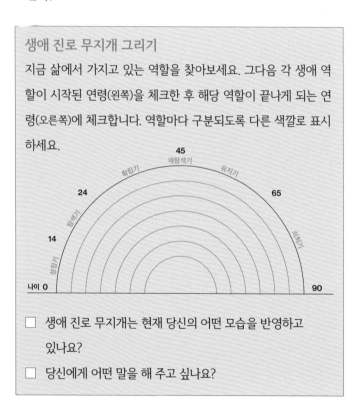

☐ 생애 진로 무지개는 현재 당신의 어떤 모습을 반영하고 있나요?

☐ 당신에게 어떤 말을 해 주고 싶나요?

아주 약간의 너그러움

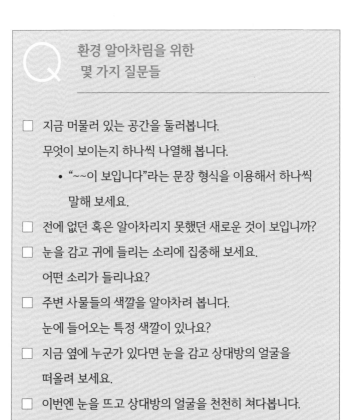

Q 환경 알아차림을 위한 몇 가지 질문들

☐ 지금 머물러 있는 공간을 둘러봅니다.

무엇이 보이는지 하나씩 나열해 봅니다.

- "~~이 보입니다"라는 문장 형식을 이용해서 하나씩

  말해 보세요.

☐ 전에 없던 혹은 알아차리지 못했던 새로운 것이 보입니까?

☐ 눈을 감고 귀에 들리는 소리에 집중해 보세요.

어떤 소리가 들리나요?

☐ 주변 사물들의 색깔을 알아차려 봅니다.

눈에 들어오는 특정 색깔이 있나요?

☐ 지금 옆에 누군가 있다면 눈을 감고 상대방의 얼굴을

떠올려 보세요.

☐ 이번엔 눈을 뜨고 상대방의 얼굴을 천천히 쳐다봅니다.

어떤 차이가 있나요?

☐ 옆에 있는 사람의 눈을 쳐다보세요.

타인의 눈빛에서 무엇이 느껴지나요?

2장

무엇이 나와 너의
너그러움을 방해하는가

일상을 무너뜨리는 6가지 접촉경계혼란

우리는 인생을 흔히 롤러코스터나 파도에 비유하곤 한다. 늘 웃는 인생도 늘 우는 인생도 없으며 모든 인생은 웃고 울고를 반복한다는 이유에서다. 그렇다. 우리는 이미 인생에 내리막길이 있음을 알고 있다. 이때 롤러코스터의 내리막에서 방향과 속도를 잃지 않으려면 개인이 가지고 있는 회복력이 중요하다. 내가 상담 심리를 공부하며 알게 된 라인홀드 니버의 평온의 기도문은 상담과 치료의 영역뿐 아니라 만족스러운 인생을 살기 위한 중요한 메시지를 담고 있다.

제가 바꿀 수 없는 일에 대해서는
그것을 받아들일 수 있는 평화로운 마음을 주시고,
제가 바꿀 수 있는 일에 대해서는
그것에 도전하는 용기를 주소서.
또한 그 둘을 구별할 수 있는 지혜를 내려 주소서.

아주 약간의 너그러움

바꿀 수 없는 것을 바꿀 수 있다며 고집하는 것만큼, 바꿀 수 있는 것을 바꿀 수 없을 거라며 포기하는 것도 문제다. 이 역시 고통을 가중시키는 부적절한 선택이 된다. 그렇다면 무엇이 우리로 하여금 선택과 책임을 방해하는 것일까? 자신의 감정과 욕구를 지나치게 통제하며 일상의 즐거움을 만끽하지 못하는 사람부터 자신이 져야 할 책임을 타인에게 떠넘기며 원망만 하는 사람까지, 모두에게는 반드시 이유가 존재한다. 그러므로 그것이 우리의 일상을 어떻게 무너뜨리는지 알 수 있어야 한다.

얼마 전부터 OTT 드라마를 재밌게 보면서 친구들과 연일 수다를 떠느라 대화창이 뜨거운데, 그중 하나가 〈안나〉라는 드라마였다. 나의 눈길을 끌었던 건 드라마 속 안나와 그녀의 전담 수행비서 조비서의 대화였다. 참 열심히 묵묵히 맡겨진 일을 해내는 조비서를 향해 어느 날 안나는 이런 말을 한다. "자기도 부모님께 주눅 들지 마요. 독립은 부모의 실망에 죄책감을 갖지 않는 것부터가 시작이에요." 매우 정확한 표현이라는 생각이 들었다. 부모에게서 독립이 어려운 자녀들의 경우 원죄처럼 죄의식이 깔려 있다. 이 경우 죄의식이 심리적 독립에 필요한 자신의 감정과 욕구, 생각을 차단하는 방해 요인이 된다.

삶을 살면서 심리적 어려움을 만났을 때 우리는 이를 해결하기 위해서 생각과 행동의 변화를 취하고자 하지만, 이 때마다 마음속 쓰레기 정리를 방해하는 요소들이 있다. 이를 '접촉경계혼란'이라 부르는데, 2장에서는 접촉경계혼란의 정체에 대해 이야기하고자 한다. 무엇이 우리의 변화를 막는 것일까? 여기에는 '내사, 투사, 융합, 반전, 편향, 자의식'이라는 6가지 요소가 있는데, 하나의 요소가 도드라지게 강한 사람도 있고, 여러 가지 요소를 동시에 가지고 있는 사람도 있다. 어쨌거나 분명한 것은 나에게서 확인되는 방해 요소를 정확히 알아야만, 마음 청소가 제대로 이루어지고 삶의 변화를 이끌어 낼 수 있다는 점이다. 자신에게 너그러워지고 싶다면 6가지 방해 요소로부터 자유로워지는 방법을 선택해야 한다.

아주 약간의 너그러움

"반드시
그렇게 해야만 해"

"준호는 언제 봐도 에너지기 넘쳐."

"준호 씨, 다음 모임 준비도 잘 부탁해요."

상담하면서 만난 30대 후반의 남성 준호는 주변 지인들 사이에서 에너지 넘치며 사교적인 사람으로 알려져 있다. 하지만 그는 집에 돌아오는 순간 온몸의 기운이 빠져나가면서 아무것도 하기 싫은 무력한 상태가 되고 만다. 그는 스스로를 그렇게 열정적이고 대인관계력이 좋은 사람이라 생각하지 않았다. 그러면서도 늘 에너지 넘치는 모습을 보여 주길 원했다. 그래야 주변 사람들로부터 긍정적인 평가를 받을 수 있다고 믿었기 때문이다.

그에게 긍정적인 평가란 관계에서 자신이 '쓸모 있는 사람', '필요하고 중요한 사람'이 되는 것이었다. 그리고 이 말들은 아버지로부터 반복적으로 강요받았던 말이기도 했다. 전문직에 종사했던 그의 아버지는 늘 '세상 사람들이

아주 약간의 너그러움

필요로 하는 쓸모 있는 사람이 되어야 한다'고 강조했고, 준호는 아버지의 말대로 살아야만 인생을 잘 사는 거라 여겼다. 하지만 모든 사람 앞에서 늘 활기차게 웃고 있는 모습만 보여야 한다는 게 어느 순간 자신을 짓누르는 족쇄처럼 느껴졌고, 광대처럼 영혼 없이 웃고 있는 자신이 혐오스럽기까지 했다. 더 이상 바보처럼 마음에도 없는 미소를 지으며 연극을 하고 싶지 않았지만, 이런 생각이 떠오를 때마다 자기도 모르게 머릿속에서는 '웃어야 사람들이 좋아하지', '친절한 사람으로 평가받아야지', '쓸모 있는 사람이 되어야 해'라는 말들이 떠올랐다. 이 때문에 다시금 에너지 넘치는 사람의 가면을 쓰고, 뒤돌아서 또 자신을 원망하며 후회하는 날들이 반복되고 있었다.

자신에게 일어날 일들을 부정적으로 상상하며 이를 두려워한 나머지 자신이 하고 싶은 것을 추구하지 못하는 사람들이 있다. 솔직하게 행동으로 드러내지 못하고 억제하며 살다 보니 당연히 심리적으로 힘들 수밖에 없다. 그들의 마음속에 그들을 통제하고 지배하려는 '판사의 목소리'가 함께 살고 있기 때문이다.

준호를 힘들게 하는 판사의 목소리는 언제 만들어진 것일까? 나는 준호에게 아버지를 생각하면 떠오르는 장면이 무엇인지 물었다. 그는 가족보다 주변 사람들을 챙기는 모습, 또 많은 사람들에게 둘러싸여 감사 인사를 받는 모습이 떠오른다고 했다. 어린 준호에게 아버지는 그저 멋있는 분이었고, 자신도 아버지처럼 다른 사람들에게 존경받는 사람이 되고 싶다는 꿈을 꾸게 만들었다. 물론 "어린애가 뭘 안다고 나서긴 나서. 그냥 아버지가 시키는 대로 해!"라며 아버지가 원하는 대로 행동할 것을 강요받기도 했지만, 그 또한 자기가 꿈꾸는 아버지의 모습에 가까워지는 길이라 여겨 그대로 받아들였다고 했다. 아버지는 그에게 너무 큰 존재였다. 집안 분위기도 여기에 일조했는데, 옳고 그름을 떠나 아버지의 말과 생각에 토를 달거나 의견을 내는 일 자체가 용납되지 않았다.

이렇듯 나를 고려하지 못하고 무비판적으로 받아들일 수밖에 없었던, 그래서 개인의 행동이나 사고방식에 악영향을 미치는 타인의 행동이나 가치관을 '내사(Introjection)'라고 한다. 내사는 우리 삶에 문제를 일으키는 행동 패턴을 개선하거나 멈추는 일을 차단시키고 습관적으로 반복해서 작용한다. 이 때문에 문제를 고착시키는 심리적 방해 요인이다.

어린 준호가 성인이 될 때까지 그는 아버지의 요구와 자신의 욕구를 동일한 것으로 알고 있었다. 그러나 그는 이제 자신만의 욕구와 기대가 있다는 것을 알게 되었다. '나도 내가 하고 싶은 대로 할 수 있어', '다른 사람만큼 나도 중요해', '모든 사람을 100% 만족시킬 수는 없어', '싫은 건 싫다고 말해도 돼.' 이런 것들이 준호가 진짜 말하고 싶은 얘기였다. 그러나 준호는 여전히 갈등하고 있었다. 자신의 욕구를 드러낼 자신이 없었던 것이다. 자신의 욕구대로 행동하면 뭔가 해결할 수 없는 문제가 생기거나 실패할 것 같은 불안이 컸다.

"사람들이 실망할 것 같아요", "다들 손가락질하면 어떡하죠?", "뭔가 무리에서 중요한 사람이 되지 못하니 우울할 것 같아요." 그의 대답은 하나같이 파국적이었다. 그도 그럴 만한 것이, 준호의 아버지는 자신이 원하는 결과가 나오지 않으면 준호를 향해 "어디 가서 내 자식이라고 말하고 다니지 마라", "너 같은 자식 낳은 적 없다", "부끄럽다" 등과 같은 말로 벌을 주었다고 했다. 그리고 아버지의 이런 말들이 준호에게는 마치 버림받는 것처럼 아프게 들렸다. 그의 이야기를 다 듣고 나니 그가 다른 사람들에게 긍정적인 평가를 받는 것에 왜 그리 신경을 썼는지, 왜 피로하고 힘들면서도 적극적인 사람으로 보이기 위해 가면을 써야만 했는지 이해할 수 있었다.

꼭 이렇게 권위자의 강요를 받는 상황이 아니더라도, 이런 식의 내사는 종종 일어난다. 부모님 두 분 모두 공인인 후배가 있다. 이 후배의 학창 시절 소소한 소원 중 하나는 길거리 음식을 먹어 보는 거였다고 한다. 길에서 파는 떡볶이, 호떡, 토스트를 사 먹거나 아이스크림을 먹으며 걸어다니는 친구들이 그렇게 부러웠다는 것이다. 후배의 부모가 이에 대해서 뭐라고 한 적은 한 번도 없었지만, 당시 후배 스스로 '조신하게 행동해야 해', '부모님 얼굴에 먹칠하면 안 돼', '품위 있게 행동하자' 같은 생각을 자주 했다고 한다. 지금도 후배는 이런 식의 차단이 결국 습관이 되어 무의식적으로 감정을 억압하는 학창 시절을 보냈다며 아쉬워한다.

내사가 일상에 강하게 파고들어 악영향을 미치게 되면, 삶에서 스스로를 소외시키게 된다. 상담에서 만난 40대 초반의 한 남성은 결혼과 연애를 포기했다. 비혼주의자도 아닌 그가 결혼을 포기한 이유는 많은 나이에도 경제 활동을 유지하고 계시는 어머니와 25년째 무직인 채로 살아가는 아버지 때문이다. 그는 젊은 시절 도박과 알코올, 폭력으로 가정을 위기에 몰아넣었던 남편을 대신해 직장을 다니고 아들을 지켜 낸 그의 어머니에게 행복한 삶을 선물해 주고 싶다고 했다. 그는 "입에 담기 죄송스러운 말이지만 저

아주 약간의 너그러움

는 아버지가 빨리 돌아가셨으면 좋겠어요. 매일 기도해요"라며 담담한 표정을 지어 보였다. 그에게 아버지는 자신과 어머니의 등에 빨대를 꽂고 살아가는 나쁜 사람이었다. 어린 시절에는 시도 때도 없이 폭력을 휘두르는 아버지를 피해 도망치지 않는 어머니가 답답하고 이해가 되지 않았다. 그러면서 늘 공포 속에서 고통받는 어머니를 보며 한 가지 다짐을 했다고 한다.

"엄마는 내가 끝까지 책임진다. 엄마를 위해 살 거다."

외부로부터 강요받은 적은 없지만, 그는 자신의 욕구를 차단하는 내면적 규범들을 스스로 만들어 어머니와 가정에 쏟고 있었다. 스스로 만들어 낸 내사라는 뜻에서 이것을 '자발적 내사'라고 한다. 어느 면에서 이 자발적 내사는 외부로부터 주입된 내사보다 더 강한 구속력을 가지고 있다. 외부에서 주입된 내사는 책임 소재를 명확히 하려는 '탓'을 하며 극복되기도 하지만, 자발적 내사는 스스로를 합리화하는 도구가 되어 자신을 억제하는 행동을 더욱 강화시키기 때문이다.

'엄마의 고통을 절대 모른 척 해서는 안 된다'와 같이 강력한 당위성을 부여하기 때문에, 지키지 못했을 때 느끼는 죄의식과 수치심 또한 강력하다. 그래서 자신의 욕구를 자연스럽게 차단시키게 된다.

내사가 심했던 위 두 사람 모두 착하다는 평을 받고 있었다. 착하다는 소리를 많이 듣는 사람들의 공통된 특징 중 하나는 타인의 기대에 맞춰 산다는 것이다. 이들은 자신의 기대나 욕구를 만족시키기 위해 살아본 적이 없기에 자신의 인생을 불행한 것으로 평가하는 경우가 많다. 그야말로 타인에겐 한없이 관대하지만 자기 자신에게는 엄격한 내면의 규범이 존재한다. 부모의 가치관이나 사회의 도덕률을 근간으로 지나치게 요구되는 '착해야 한다', '순종해야 한다', '성실해야 한다', '희생해야 한다', '성공해야 한다' 등과 같은 사회적 행동은 개인의 자율성을 침해하고 선택과 책임의 기회마저 빼앗아 버린다.

내사된 것이 많아 자율성을 크게 잃은 사람들은 타인에게 의존한다. 혼자서 결정하고 행동하는 일에 주춤하고 수동적으로 행동하기 때문에 다른 사람들 눈에는 답답한 사람으로 보이기도 한다. 자율성을 잃은 사람은 자신이 하고 싶은 일이라도 상대가 원치 않으면 하지 않고, 하고 싶지 않은 일이라도 상대가 원한다면 그 일을 한다. 그러니 누구보다 가스라이팅의 피해자가 될 확률도 높다.

내담자 중 한 사람은 상담을 통해 자신이 내사가 심했다는 것을 알아차렸지만 그렇다고 해서 갑자기 자신이 원하는 것들을 어머니에게 요구하기가 너무 힘들었다고 한다.

아주 약간의 너그러움

갑자기 평소와 다르게 자기주장을 하며 원하는 것을 말하는 딸을 어머니가 이해해 줄 리 없다는 것이다. 이에 그녀는 상담을 받은 어느 날 자신이 원하는 것들과 원치 않는 것들을 쭉 적었다. 그리고는 리스트를 보며 말로 표현하는 연습을 했다. 어머니를 만나 이러한 과정을 솔직하게 털어놓자, 어머니는 평소와 다르게 그녀의 이야기를 진지하게 들어줬고, 자신이 그동안 지나치게 통제하며 요구했던 것들에 대해서도 일부 인정하며 대화를 나눌 수 있었다고 한다.

내사가 심할수록 가장 먼저 해야 하는 것은 나와 타인의 감정과 욕구를 분리한 뒤, 내가 진짜 원하는 것이 무엇인지를 지각하여 표현하는 것이다.

우리나라 게슈탈트 심리치료 최고 권위자인 김정규 교수는 내사란 우리의 뇌에 입력된 일종의 프로그램과 같다고 말했다. 그만큼 내사는 개인이 겪는 모든 심리적 문제에 다 관여되어 있다며 그 중요성을 강조했다. 핸드폰이나 PC를 고장 없이 오래도록 사용하려면 주기적인 프로그램 업그레이드와 삭제가 필요하듯이, 우리의 마음도 그러한 프로그램 정리가 반드시 필요하다.

"나의 부족함을
　인정할 수가 없어"

"정말 싫은 사람이 있어요. 목소리만 들어도 스트레스를 받아요. 어떻게든 이해해 보려고 발휘할 수 있는 모든 연민을 끌어모았는데 이제는 목소리만 들어도 소름 끼치고 꼴도 보기 싫어요. 그런데 이번 학기 수업에서 같은 조가 됐어요. 정말 휴학하고 싶어요. 그런데 그렇게 하면 제가 너무 억울해질 것 같아요. 그 사람 때문에 자꾸 피해자가 된 것 같아서 기분이 너무너무 불쾌해요."

자존감이 낮은 여성이 있었다. 그녀는 직장생활을 하며 대학원 석사 과정을 보내고 있었는데, 같은 전공 학우 중 유독 한 여성에 대한 감정과 생각이 곱지 않았다. 그 학우는 한마디로 '얄미운 짓만 골라 하는 사람'이었다. 수업 시간마다 지식 자랑을 하듯 질문이 많다거나, 조별 과제 작업을 하면 꼭 발표자로 나서서 교수님의 관심을 집중해서 받으려 한다거나, 모임이나 행사가 있으면 꼭 나서서 리더 역할을 하는 등 여기저기 기웃거리며 나서는 모습이 자신의 잇

속만 챙기는 사람인 것 같아 얄밉다고 했다. 그 학우의 행동이 그녀에게 어떤 여파가 미치는지 물으니 특별히 그런 건 아니지만, 그냥 성인으로서 성숙하지 못한 태도가 마음에 들지 않고 불쾌하다고 했다.

나는 그녀가 생각하는 성숙한 태도란 어떤 것인지를 구체적으로 물었다. 곧 그녀는 자신을 과하게 드러내지 않고 말을 아낄 줄 알며 겸손함을 보여 주는 거라고 답하며, "한마디로 나대지 않는 거, 튀지 않는 거요"라 정리했다. 앞에 나서서 말을 하는 건 다른 사람들에게 잘 보이고 싶고 인정받고 싶어서가 아니겠냐며, 게다가 진짜 뛰어난 사람은 애써서 자신을 드러내지 않아도 사람들이 먼저 알아봐 준다며, 그 학우를 향한 짜증을 숨기지 않았다. 그녀의 말대로라면 다른 사람들도 그 학우의 얄팍한 속내를 이미 알고 있을 테니 신경 쓰지 않아도 될 일인데, 왜 이렇게까지 계속 밉고 짜증이 나는지 궁금했다. 이에 대해 묻자, 그녀는 그 학우가 말솜씨가 뛰어나다 보니 발표 때마다 교수님을 비롯한 다른 학생들의 칭찬이 끊임없이 이어졌다고 한다. 그녀가 보기엔 그저 자기 잘난 척이 심하고 나대기 좋아하는 사람일 뿐인데 모두가 속고 있다는 생각을 지울 수가 없다는 것이다. 그녀가 미워하는 대상이 그 학우인지 아니면 다른 사람들의 인정을 충분히 받지 못하는 그녀 자신인지 알

아주 약간의 너그러움

아차림이 필요했다. 나는 그녀에게 물었다.

"제 생각에 당신도 편하게 당신의 감정을 말하고, 주변 사람들이 그 말에 귀 기울여 주기를 바라는 것 같아요. 어떤가요?" 그녀가 스스로 볼 수 없었을 그녀의 모습을 비춰 주자, 그녀는 잠시 망설이더니 고개를 끄덕였다.

그녀가 얄미워했던 학우는 사실 그녀가 오랫동안 되고 싶었던 부러운 모습을 하고 있었다. 우리 대부분은 스스로 완벽한 사람이라기보다는 크고 작은 결함이 있는 부족한 사람으로 자신을 인식한다. 이때 스스로 받아들이지 못한 결함은 대인관계에서 타인을 비교하거나 질투하며 열등감으로 작동하기도 한다. 내가 갖지 못한 능력을 타인이 가졌다는 것을 인정해 주기보다는 나와 비교하며 스스로를 더 깎아내리거나 상대를 흠집 내고 트집 잡아 낮게 평가하는 것이다. 이 경우 타인은 나와 함께 삶의 경험을 공유하는 만남의 대상이 아니라 그저 경쟁과 비교의 대상일 뿐이며, 이 때문에 피상적인 관계를 벗어나지 못하게 된다.

사실 나의 결함을 아무렇지 않게 속된 말로 쿨~하게 인정하기란 좀처럼 쉽지 않다. 내가 갖지 못해 타인에게 부러운 것이 있다고 말하기보다는 타인을 비약적으로 깎아내리며 탓하는 편이 자신에게 덜 상처가 된다고 느끼기 때문이다. 또는 내가 상대와 나를 비교하고 시기하는 것을, 상대가 나를 시기해서 생긴 일이라며 책임의 소재를 상대에게 돌리기도 한다. 이렇듯 나의 생각이나 감정, 욕구 등을 타인의 것으로 지각하는 현상을 '투사(projection)'라 한다. 예를 들어 명품을 갖고 싶지만 형편상 명품을 살 여유가 없을 때, 명품을 선호하고 구매하는 사람들을 향해 '속물'이라며 비난하는 것이 투사에 속한다. 투사를 좀 더 넓은 의미에서 접근해 본다면, 이는 내가 나에게 너그럽지 못한 것과 동시에 나의 결함을 받아들일 용기가 부족한 것이기도 하다.

지인에게 책 선물을 받았던 적이 있다. 부자 되는 방법에 대해 써진 《백만장자 시크릿》이란 책이었다. 솔직히 내가 선호하는 책의 장르는 아니었다. 나는 무지하리만큼 경제 개념이 매우 떨어진다. 책 제목에 적혀 있는 백만장자의 돈이 원화로 얼마인지도 계산이 바로 안 된다. 그러니 내가 이 책을 대하는 태도는 선물해 준 상대에게는 매우 미안하지만 불손하기 그지없었다. 앞뒤 표지를 대충 본 후 성의 없이 펼쳐 들고 무작정 한 페이지를 열어 읽기 시작했다. 그런데 불손했던 내 태도에 일침을 가하려고 그런 것인지, 하필이면 펼쳐 든 페이지가 당시 나에게 꼭 필요한 내용이었다. 백만장자 마인드 중 여덟 번째에 해당하는 지침이었는데, '자신과 자신의 가치를 알려야 한다'는 부제목의 챕터였다. 부자는 자신의 가치를 어떻게든 알려서 그만큼 자신의 가치를 높이려 하지만, 가난한 사람은 판매나 홍보를 품격이 떨어지는 행동으로 평가해 결국 제대로 된 가치 평가를 받지 못하고 가난을 벗어나기 힘들다는 내용이었다. 저자는 자신의 가치를 홍보하지 않는 사람들이 홍보의 행위가 품격이 떨어진다고 생각하는 것을 가리켜 '거만 증후군'이라며 강하게 충고했다. 처음엔 '이거 비약이 너무 심한 거 아니야?'라고 생각했다. 그런데 바로 아래 단락을 읽으며 나는 저자의 생각에 공감하게 되었다. 소위 사람들은 좋은 제품을 만들기만 하면 세상 사람들이 몰려들 거라는 생각을 하지만 그것은 어디까지나 세상 사람들이 그 제품을 알 경우에만 해당하는 일이라고. 더 이상 저자의 말에 반박하기가 힘들었다. 내가 정말 그랬었다. 나와 비슷한 일을 하고 있는 사람들이 SNS로 열심히 홍보하는 걸 보면 품위가 떨어진다 생각했다. 정말 좋은 콘텐츠는 고객이 먼저 알아봐 준다고 말하며 그저 방어하기 바빴다. 홍보에 노력을 기울이지 않는 나를 인정하기보다는 잘 해내고 있는 다른 사람을 질투하며 거만을 떨었던 것이다. 나야말로 나의 무능함과 부족함을 들키고 싶지 않은 부끄러운 마음과 그것을 스스로 인정하는 것이 자존심 상했던 '거만 증후군'을 앓고 있었다.

투사는 내사와 연관이 있다. 스스로 도덕적, 사회적 규범에 벗어난다고 규정해 둔 것일수록 타인을 향한 투사는 커진다. 자신이 매우 하고 싶은 행동이었지만 '튀면 안 된다'와 같은 내사된 가치관 때문에 억압하고 있다가, 이 행동을 타인이 하는 것을 보면 자기 안에 충족되지 못한 욕구가 통제되지 못하면서 지나치게 민감히 반응하게 되는 것이다.

한 예로 직장에서 자신의 역량이 낮은 평가를 받을까 봐 늘 불안하며 민감하게 반응하는 사람이 있었다. 업무 처리 능력이 월등히 떨어지진 않았지만 세심하지 못한 성향 때문에 보고서와 간단한 서류 작업에서 작은 실수들이 종종 있었다. 경력에 비해 업무 이해도나 처리 속도가 떨어지기도 했기에 상사는 동료 직원의 도움을 받으라고 조언했다. 그런데 하필이면 상사가 일을 배우라고 말한 동료가 입사 동기에 동갑내기 친구였다. 자존심이 많이 상했던 이 직원은 자신의 역량 개발에 에너지를 쓰지 못하고 동료 직원을 향한 불쾌감을 표출하기 급급했다. 동료 직원이 윗사람의 비위를 잘 맞추며 좋은 말로 아부를 잘한 덕에 승승장구한다면서 동료에 대한 험담을 멈추지 않았다. 자신이 인정받지 못한 것을 이유로 인정받고 있는 동료를 불성실한 사람으로 폄훼하면서 대치하고 갈등을 조장한 것이다. 이는 나의 부족함이 드러났을 때 상황이 파국으로 그려지기 때

아주 약간의 너그러움

문이다. 또한 이는 누구에게도 공감받지 못할 것 같은 불안한 감정과 자신이 철저히 혼자라는 소외된 생각에서 비롯된 잘못된 신념이기도 하다.

투사는 나의 욕구를 알아차리고 충족시키는 과정을 방해할 뿐 아니라 타인과의 관계를 악화시킬 수도 있다. 자신을 받아들이지 못하는 사람은 타인에게도 환영받지 못한다. 그러니 타인을 향해 겨누었던 공격을 멈추고 나의 내면에 숨어 있는 억압된 생각이나 욕구에 대해 먼저 점검해야 한다.

　나의 부족함과 결함을 인정하는 것은 어렵고 고통스러운 일이다. 타인에게 투사하며 책임을 회피하면 당장은 홀가분할 수 있지만, 안타깝게도 문제를 해결하는 것에는 아무런 도움이 되지 못한다. 너그러움은 스스로 못마땅하게 느껴지는 나의 열등함을 타인의 탓으로 돌리지 않고 있는 그대로 받아들일 때 충족시킬 수 있다.

"우리 관계에서는
당연히 그래야 해"

언젠가 가족여행을 앞두고 남편과 나, 딸 세 명이 가족 티셔츠를 맞춰 입은 적이 있다. 아이는 부모와 동일한 디자인의 옷을 입는 것에 큰 거부감이 없었다. 아니, 오히려 더 좋아했던 것 같기도 하다. 하지만 중학생이 된 지금은 철저하게 거부한다. 청소년기의 발달 특성에 맞춰 아이가 자기의 독립된 사고를 추구하는 것이 당연하다는 것을 알고 있지만, 벌써 이렇게 커 버린 것에 대해서는 아쉬운 감정이 올라온다.

　　부모와 자녀 사이에 존재하는 기대하는 마음과 그것이 실현되지 않았을 때 실망하고 아쉬워하는 감정은 자연스러운 것이다. 하지만 어떤 경우 한쪽은 분노와 짜증을, 다른 한쪽은 죄책감을 느끼며 서로의 마음에 상처를 입히기도 한다. 심리적 발달 과정에서 주고받는 상호작용과는 상관없이, 부모라면 또 자녀라면 '~이렇게 해야 한다'는 약속이 무의식적으로 작동하며 당연하게 받아들여진 결과다.

결혼 3년 차에 들어선 여성 내담자가 있었다. 처음 상담에 와서 신청서를 작성하는데 그녀는 가족관계에 배우자를 제외한 원가족의 부모만을 적었다. 혹시 미혼인지를 묻자 그제야 배우자에 대해 적기 시작했다. 결혼을 하고 독립된 가정을 꾸렸지만 여전히 마음은 결혼 전 원가족과 강하게 밀착되어 있다는 증거였다. 특히 그녀는 친정어머니에 대한 감정이 애틋했고 모든 것을 어머니와 공유해야 한다는 신념을 가지고 있었다. 상담을 온 것도 이 때문이었다. 최근 그녀는 자신이 성장하는 과정에서 어머니의 영향을 지나치게 많이 받았고, 그로 인해 현재 자신의 삶이 행복하지 않다는 생각을 하기 시작했다. 그녀는 늘 어머니가 원하는 삶을 살았다고 했다. 자신의 의지보다는 어머니가 원하는 것을 선택했고, 어머니가 느끼는 감정과 욕구를 마치 자기 것인 양 받아들였다는 것이다. 자신의 인생이지만 자신이 살아온 것 같지 않은 공허감이 커지자 그녀는 상담을 결심했고, 상담에 와서는 어머니가 자기를 가스라이팅 한 것이 아닌지 확답을 듣고 싶어 했다.

"저희 모녀는 늘 1+1이었어요. 뭐든 함께 해야 했고, 그러지 않으면 불편했으니까요." 물건 하나를 사더라도 늘 같은 것으로 하나 더 사는 게 당연했다. 여행을 가더라도 무조건 동

　　　　　　　　　　　　아주 약간의 너그러움

행자는 엄마였다. 만약 엄마가 그러지 않으면 엄마에게 서운해지면서 화가 났고, 자신이 지키지 못하면 마음이 불편해졌다. 심지어 머릿속으론 '네가 이러고도 좋은 딸이야?'라는 생각과 죄책감이 올라왔다. 처음엔 엄마의 요구와 지시에 따라 결정하고 행동했지만, 시간이 지나며 점차 서로에게 길들여지자 그녀 또한 엄마와 함께하는 것이 익숙하고 편했다. 어린 시절 그녀의 어머니는 힘든 일이 있을 때마다 장녀인 그녀를 붙잡고 시시콜콜한 이야기까지 모두 전했다. 그녀는 그야말로 엄마의 감정 쓰레기통이었다. 불안한 결혼 생활 속에서 엄마가 느꼈던 고통스러운 감정을 그녀도 고스란히 느껴야 했기에 엄마의 감정을 거부할 수는 없었다. 엄마가 울면 함께 울었고, 엄마가 웃으면 함께 웃었다. 그런데 결혼 후 남편에게서 이런 질문을 들었다. "자기는 나랑 사는 거야? 어머니랑 사는 거야?" 처음엔 그저 사이좋은 모녀간을 질투한 남편의 귀여운 투정이라고만 생각했다. 그런데 남편이 정말 진지하게 궁금해한다는 것을 알고 그녀는 어머니와 자신의 관계가 일반적이지 않을 수도 있겠다는 생각을 처음 했다. 그러고 보니 어머니와 다른 의견을 내거나 다른 선택을 했던 적이 그녀에게는 없었다.

위에 소개한 내담자처럼 밀접한 관계에 있는 두 사람이 서로의 차이점을 인정하지 않는 것을 '융합(confluence)'이라 한다. 사실 서로 다른 개체의 두 사람이 매번 동일한 감정이나 생각, 욕구를 가진다는 것은 불가능하다. 하지만 융합 관계에 있는 사람들은 이것이 당연하면서 익숙하고 만족감을 주기에, 늘 서로가 동일한 것을 추구하려 한다. 이것은 서로의 경계를 지켜 주지 못하고 침범하는 것을 의미한다. 융합은 우리라는 보호막 안에서 서로가 암묵적으로 정한 약속을 지키는 것을 통해 안전감과 만족감을 높여 간다. 그러다 보니 약속을 지키지 못한 사람은 죄책감에 시달릴 수밖에 없다. 융합은 약속을 지키는 것과 그것을 깼을 때 느끼게 되는 죄책감을 통해 더욱 단단해진다. 죄책감은 너그러움을 방해하는 강력한 형벌인 셈이다.

경계를 지켜 준다는 말이 다소 모호하게 들릴 수 있다. 정확히 무엇을 의미하는지 한 번에 떠오르지 않을 텐데, 상담 심리에서는 흔히 쓰이는 개념이다. 서로의 '경계(boundary)'를 침범하지 않고 지켜 준다는 것은 각자가 느끼는 개인의 감정과 욕구, 생각을 존중해 준다는 것을 의미한다. 반대로 개인이 느끼는 감정이나 욕구, 생각을 중요하게 여기지 않고 관계에서 힘을 가진 사람에 의해 감정과 욕구가 좌지우지된다면, 이는 경계가 지켜지지 않고 침범된 상태라 할 수 있다.

가벼운 예로, 부모가 주는 대로 먹고 골라 주는 대로 입고 시키는 대로 행동하는 것을 떠올릴 수 있다. 심지어 이 과정에서 느껴지는 감정조차도, "엄마가 하라는 대로 하니 즐겁지? 행복하지?" 등으로 정해 준다. 인생의 중요한 결정에도 관여한다. 철학을 공부하고 싶어 하는 자녀에게 미래 유망 직업군에 종사하려면 이공 계열을 선택하는 것이 좋다며 부모가 진로를 결정하거나, 배우자를 선택하는 과정에서 부모의 의견을 전적으로 따르게 한다. 이 과정에서 개인의 감정과 생각, 욕구는 배제된다. 혹여 거절할 경우 죄책감의 형벌이 여지없이 뒤따른다.

상담에 왔던 내담자가 자신의 인생이지만 스스로 선택한 적이 없다는 점과 그로 인해 공허감을 느끼고 있다는 점이 바로 이 맥락과 이어지는 부분이다. 그나마 다행이라면 그녀의 남편이 두 사람 관계를 객관적으로 보고 말해 줬다는 것이다. 보통 두 사람이 일심동체로 살아 온 융합의 관계에서는 나의 경계가 지켜지지 못한다는 사실을 알아차리지 못하는 경우가 더 많다. 언제나 1+1로 함께하는 것이 가끔 불편할지언정 그로 인해 극심한 스트레스를 받았던 적은 없기에 스스로 문제를 인식하지 못할 확률이 크다. 오히려 이들은 서로를 갈라놓거나 분리된다고 느낄 때 더 큰 불안과 공포, 죄책감을 느끼게 된다. 또 상대가 내 뜻과 반하는 행동을 할 때 스트레스를 받으며 짜증과 분노의 감정을 느끼기도 한다.

융합은 모든 관계에서 만들어지기보다는 조금 더 밀접한 관계라 할 수 있는 부모와 자녀, 부부, 오래된 친구 관계에서 나타니는 경우가 많다. 융합 관계에서는 서로가 어떻게 서로를 구속하고 있는지 알지 못하는 것이 가장 큰 문제이기에, 무엇보다 자신이 특정인과 융합의 관계에 있다는 것을 알아차리고 인정하는 게 중요하다. 게슈탈트 심리치료의 창시자인 펄스는 다음과 같이 실험해 볼 것을 제안했다.

우선 내가 어떤 일로 죄책감이나 짜증을 느끼는 대상(A)을 떠올려 본다. 그런 다음 그것과 동일한 문제가 다른 제3자(B)와의 관계에서 일어났다고 상상을 해 본다. 이때 아무런 감정이 느껴지지 않는다면 나는 A와 융합 관계에 있다고 볼 수 있다.

실험 ① 엄마와 주말 외식을 약속했는데 몸 상태가 좋지 않아 다음으로 연기해야 했다. 아쉬워하는 엄마의 얼굴을 제대로 쳐다볼 수가 없었고, 엄마를 실망시켰다는 죄책감이 몰려왔다.

아주 약간의 너그러움

② 같은 이유로 친구와의 약속을 취소할 경우에는 죄책감에 빠지지 않는다.

③ 나와 엄마는 융합되어 있을 수 있다.

자신과 특정 대상자와의 관계가 융합된 상태였고, 자신이 그 관계 안에서 주체성을 잃은 채 살고 있었다는 것을 아는 순간, 사람들은 분노하거나 극심한 좌절감 혹은 깊은 우울을 경험한다. 더러 융합의 대상자를 향해 투사의 방어기제를 사용해 모든 책임을 떠넘기며 원망하고 증오하는 쪽을 선택하기도 한다. 나의 내담자 또한 그랬다.

"제가 지금 행복하지 않은 게 모두 엄마 때문이에요", "엄마가 늘 시키는 대로만 해야 했어요", "엄마가 좋다고 하니 정말 좋은 줄 알았죠", "엄마가 느끼는 게 정답이라고 생각했어요. 그래서 제 감정이나 욕구는 중요하지 않았죠."

우리는 가끔 현재 내가 경험하는 고통이 누군가에 의해 만들어졌고 나만이 오롯이 그 피해자인 것처럼 느껴질 때가 있다. 하지만 나의 알아차림과 행동의 변화를 방해하는 요인들은 타인과 상관없이 내가 통제할 수 있다. 융합도 마찬가지다.

다행히 투사를 통해 원망만 하던 내담자는 하나씩 하나씩 자신의 감정과 생각, 욕구를 찾아가는 연습을 했다. 그러면서 그녀는 자신을 불안하게 만들거나 죄책감을 느끼게 만든 것이, 엄마가 아니라 자기의 생각들이었음을 발견할 수 있었다. 융합의 관계에서 벗어나면 온전히 나의 욕구를 추구하게 된다.

이제 오랫동안 억압되었던 솔직한 나의 감정과 욕구를 알아차려 보도록 하지. 상대가 요구하는 대로 행동했을 때 느껴지는 감정이 그저 작은 불편함이라도 모른 척하고 넘기기보다는 무엇 때문에 불편함이 올라왔는지 찾아보는 것이다. 그런 후 상대의 요구를 거부했을 때 닥쳐오는 불안과 미안한 마음을 있는 그대로 받아들이되 거부해야 한다. 이렇게 충족된 나의 욕구야말로 삶의 활력을 되찾아 줄 것이다.

아주 약간의 너그러움

"남한테 못하고
나한테 해 버려서…"

"결과가 이렇게 되어 버린 게 제가 팀장으로서 역할을 제대로 못해서인 것 같고, 저 때문에 그 고통을 팀원들이 고스란히 받는 것 같아서 마음이 너무 불편해요. 자꾸 미안한 생각이 들어서 잠을 잘 수가 없어요."

이 내담자와 동료들은 직장에서 상사의 괴롭힘을 당하고 있었다. 그는 팀의 리더였기 때문에 자신이 상사로부터 팀원들을 지켜 줘야 한다는 생각이 강했고, 그래서 자신에게 그 책임을 물었다. '제 역할을 못 하는 나 자신에게 화가 나', '나약하면 안 돼. 팀원들에게 극복하는 모습을 보여야해', '문제를 만들어서는 안 돼', '나는 해결력이 부족한 사람이야', '팀에 아무런 도움이 되지 않는 사람이야'와 같은 말로 자신을 비난하는 것을 멈추지 않았다. 이런 비난의 말은 다시 죄책감으로 연결되곤 했다. 죄책감은 사실 자기 자신에게 화를 내는 것이라 할 수 있다. 상사를 향해 말했어야

아주 약간의 너그러움

하는 불만과 팀원들에게 받았어야 하는 지지를 상대가 아닌 자신에게 돌려 버린 것이다.

이렇듯 타인에게 하고 싶은 행동이 있는데 하지 못하고 그 행동을 자신에게 하거나, 타인이 나에게 해 주기를 바라는 행동을 자기 자신에게 하는 것을 '반전(retroflection)'이라 한다. 반전은 타인과 상호작용하기보다는 자기 자신을 행동 대상으로 삼는 것을 의미한다. 위 내담자처럼 자신과 팀원들에게 부당한 대우를 하는 상사에게 표출했어야 하는 분노를 보복이나 처벌 때문에 표현하지 못하고 대신 자신에게 화의 방향을 돌린 경우를 들 수 있다. 이때 체험되는 감정이 수치심이다. '내가 역할을 제대로 하지 못했기 때문에 팀에 문제가 생겼고, 상사와의 갈등을 중재하지 못했다'며 죄의식에 빠지는 것이다. 이런 식의 수치심은 분노의 감정이 반전된 것이라 본다. 그래서 '반전된 분노감'이라 부르며, '반전은 분노로부터 시작된다'라고도 말한다.

사람은 누구나 자신이 원하는 것을 포기하거나 억제하면 속상한 기분이 든다. 그리고 이것이 계속 반복되면 화가 나면서 어느 순간 습관처럼 익숙해진다. 이 때문에 분노를 미해결된 감정으로도 분류하는데 분노가 쌓여서 반전하면 우울증으로 나타날 수 있다. 내담자 역시 팀원들에게 좋은 팀장이자 능력 있는 리더로 인정받고 싶었으나 팀원들을 괴롭히는 상사에게 제대로 대응하지 못하면서 불만과 분노를 느꼈다. 그런데 이 책임을 자신에게 전향시키면서 수치심에 빠졌고, 번 아웃(burn-out, 소진)과 우울을 호소했던 것이다.

충족되지 못한 분노의 감성이 억압되어 마음을 꽉 채우게 되면 일상의 경험들에서 만나는 다양한 감정들을 제대로 체험하지 못하게 된다. 이 또한 자신을 패배자로 만드는 우울증의 원인이 되기도 한다.

몸에 걸친 모든 것들이 명품인 여성이 있었다. 그녀는 누가 보더라도 화려한 외모를 갖추고 있었고, 여럿이 있을 때 사람들의 시선은 그녀에게 집중되었다. 이런 관심이 그녀도 싫지 않은 듯 보였다. 자신이 모임의 주인공이 되는 것을 좋아했고, 그런 순간을 통해 자신의 존재를 확인받는 것 같았다. 문제는 모든 게 만족스러울 것 같은 그녀가 깊은 내적 공허감을 느끼고 있다는 점이다. 그녀의 외모 가꾸기는 점점 심해졌다. 그러면서 자주 "늘 혼자인 것 같아요", "별로 소중한 존재가 되지 못하는 것 같아요", "남편은 저를 사랑하지 않아요", "그냥 텅 빈 것만 같아요"라는 말을 하곤 했다. 그리고 남편을 비롯한 다른 사람들이 자기를 좋아하

아주 약간의 너그러움

지 않을 거라는 생각을 강하게 가졌다.

결혼 6년 차인 그녀가 남편과의 사이에서 큰 갈등이 있는 건 아니었다. 하지만 신혼 때부터 줄곧 부부는 각방을 쓰고 있었고, 그녀는 남편에게 정서적 안전감을 거의 느끼지 못했다. 나는 그녀가 무척 외로워 보였고 위태롭게 느껴졌다.

이 여성처럼 어떤 이들은 다른 사람에게서 받고 싶은 관심과 애정, 사랑의 욕구가 충족되지 못하면, 그것을 그 상대에게 직접 요구하는 대신 자기 자신을 돌보는 편을 선택한다. 내적으로 부족하다 느끼는 정서적 공간을 명품 옷과 가방, 자동차 등과 같은 좀 더 값비싼 물질들로 채우는 것이다. 스스로 초라한 사람이 되고 싶지 않기 때문이다. 이것은 역으로 보면, 현재 자신을 화려하게 감싸고 있는 물질들을 걷어 낸 후 남게 되는 자기 자신의 존재를 스스로 초라하게 여기고 있다는 말이 된다. 자신을 부정적으로 평가하며 사랑받지 못하는 존재라고 비난하는 행동을 통해, 스스로를 기어코 열등한 사람으로 만들어 버리는 것이다.

반전을 사용하는 사람들은 타인 및 주변의 환경과 상호작용을 통해 자연스럽게 경험할 수 있는 감정이나 욕구 등을 억제한다. 반전 자체가 오로지 자기 자신과만 관계하는 현상이기 때문에, 우울증뿐만 아니라 만성 두통, 위경련과 같은 소화기 장애, 호흡기 장애 등 여러 가지 신체적 긴장과 통증을 동반하기도 한다.

그럼에도 많은 사람들이 심리적인 고통과 신체적인 통증을 동반하는 반전 행동에서 벗어나지 못하는 이유가 무엇일까? 이는 자신에게 익숙하기 때문이다. 다른 말로는 새로운 경험이 두렵기 때문이다.

직장 상사에게 괴롭힘을 당했던 팀장은 자신의 기질에 대해 자주 언급했다. "제가 원래 잘 참는 편이거든요. 웬만해서는 서로 간에 얼굴 붉히는 일은 만들지 말자는 게 제 신념이에요." 그는 직장 상사의 폭력적인 언어를 견디는 것이 너무 힘들지만 그것에 대해 직접 항의하거나 직장 내 중재기관에 신고를 하는 것 또한 자신에겐 큰 용기가 필요한 일이라고 말했다. 혹시라도 자신에게 불리한 결과가 나올지 몰라 두렵다는 것이다. 나는 그의 과거 경험에 비추어 볼 때 이렇게 생각할 수밖에 없는 그가 충분히 이해되어 안타깝기만 했다.

그에겐 직장에서 좋은 상사에 대한 경험이 없었다. 지금의 직장에서 근무하기 전 한 번의 이직이 있었다. 전 직장에서 그는 상사의 부당한 요구에 반대 의견을 제시했지만,

아주 약간의 너그러움

그것이 받아들여지지 않았고, 오히려 조직 적응력이 떨어지는 사람으로 분류되어 타부서로 발령이 났다. 전혀 예상하지 못했던 인사 조치에 화가 났지만 아무것도 할 수 있는 게 없었다. 그가 생각해 왔던 사람과 조직을 향한 신뢰에 깊은 스크레치 하나가 새겨졌다.

자신을 꾸미는 것으로 남편에게 불만족스러웠던 부분을 채우고 있었던 여성 또한 마찬가지다. 남편에게 관심과 애정을 원한다고 솔직히 말하는 것은 여자로서 수치스러운 행동이고 자존심 상하는 일이라고 여겼다. 그녀는 자신이 원하는 것을 타인에게 요구하는 게 익숙하지 않았다. 그녀의 부모는 늘 바빴기에 가정에서 그녀는 우선순위 밖에 있었고, 그 시절 그녀는 학교 준비물부터 매끼 식사까지 필요한 것을 스스로 알아서 챙겨야 했다. 타인에게 요구하는 것보다 스스로 찾아서 해결하는 것에 익숙해졌고, 이런 패턴은 남편에게도 마찬가지였다. 말을 했을 때 남편에게 거부당하거나 부부관계에 균열이 생길까 두려운 것도 있었다. 게다가 그녀의 내면엔 '나는 사랑스러운 존재가 아니다'라는 생각이 새겨져 있기에 텅 빈 것만 같은 공허감이 자리하게 되었다.

여기에서 주목해야 하는 점은 아이러니하게도 두 사람 모두 반전 행동을 통해 자신을 보살피려 했다는 점이다. 다만 그것이 독이 된다는 것을 모르고 있었을 뿐이다. 처음에 반전 행동을 선택하게 된 이유가 분명 있을 것이다. 하지만 그 원인이 환경에 있었다고 하더라도, 그것을 현재까지 계속 유지하고 있는 것은 환경이 아닌 자기 자신이라는 것을 받아들여야 한다.

반전의 또 다른 형태 중 하나는 열등의식이다. 나를 향한 비난을 멈추고 열등감에 빠지지 않으려면, 스스로에게 향했던 말들을 상대에게 표현할 수 있어야 한다. 이때 중요한 것은 솔직한 감정과 욕구를 말하는 것이 갈등을 키우는 도화선이 되지 않도록 적절한 표현 방법을 택하는 것이다. 그래서 상담실에서는 처음부터 직접 상대를 향해 말하도록 하기보다는 인형이나 빈 의자 등과 같은 가상의 대상을 통해 날것의 감정을 먼저 표출하고 적절한 표현 방식을 함께 찾는다.

　나는 상사로부터 괴롭힘을 당했던 팀장에게 빈 의자에 상사가 앉아 있다고 생각하고 그를 평가하고 비난해 보도록 주문했다. 잠시 후 그가 입을 뗐다. "당신은 상사로서 자질이 전혀 없는 사람입니다", "당신만 없으면 우리 팀은 정말 팀워크가 좋았을 겁니다", "팀에 아무런 도움이 안 됩니다", "당신에겐 아무것도 배울 것이 없어요", "당신 같은

　아주 약간의 너그러움

사람을 상사로 모신다는 게 창피스럽습니다", "진짜 실력이 있는 사람인지도 모르겠어요." 말을 이어가며 그는 연신 한숨을 쉬었다. 말을 끝낸 후 어떤 생각이 떠오르는지 묻자 그는 저 말을 그대로 듣는다면 상대방이 엄청 충격을 받고 좌절할 것 같다고 했다. 나는 그에게 물었다.

"저 말들을 어디에서 많이 들어 본 것 같지 않으세요?" 그는 잠시 침묵했고, 발갛게 눈시울이 붉어지더니 눈물이 떨어졌다. "저였네요."

실제로 열등감에 빠져 자신을 향한 반전을 멈추지 않는 사람에게 타인을 평가하고 비난하도록 시키면, 그동안 스스로에게 건넸던 비난이 자기학대와 같은 것이었음을 쉽게 알아차리곤 한다. 이를 통해 원래 가야 할 대상에게 감정이 표출될 수 있도록 행동의 방향을 수정하면서, 동시에 어떤 정도로 상대에게 표현해야 적절할지를 생각해 볼 수 있다.

혹시 이런 실험과 표출이 두렵게 느껴지는 경우라면 스스로 반전을 해소할 수 있도록 감정표현이나 감정 정화법을 실행해 볼 수도 있다. 억압되었던 감정을 언어적인 표현이나 신체적인 행위를 통해 겉으로 드러내 보는 것이다. 연극치료나 예술치료처럼 전문가가 함께하는 집단 상담의 장이 대표적인 예이다.

몇 년 전 자기비난이 컸던 한 참가자가 연극치료 전문가와 함께 작업하는 것을 본 적이 있다. 긴 천을 양쪽 끝에서 잡아당기는 단순한 놀이 같은 것이었는데 참가자는 천을 붙잡아 당기며 "왜 이렇게 끈질기냐고! 제발 떨어져. 나한테서 떨어지라고!"라며 통곡했고, 온몸은 땀에 젖어 있었다. 긴 회기의 상담 없이도 억눌러 놓았던 감정을 토해 내는 모습을 보며 무척 감동했던 기억이 난다. 그때 이 참가자는 다른 참가자들이 지지하는 눈빛을 보내 줘서 용기를 낼 수 있었다고 말했다. 맞다. 이러한 감정 정화 작업에서 무엇보다 중요한 것은, 나에게 억압돼 있는 부정의 감정과 욕구를 언어로 표현할 때 그것을 평가나 비난 없이 이해하고 수용해 줄 수 있는 지지자이다. 지지자의 격려가 있을 때 반전 행동을 멈출 수 있는 용기가 배로 커지기 때문이다.

Q 감정 정화를 위한 3가지 요소

억압이 익숙한 사람은 분노, 슬픔, 두려움, 수치심 등 날것의 감정을 언어로 표현하기가 쉽지 않다. 그래서 이 경우 날것의 감정을 표현해도 아무런 일도 일어나지 않을 거라는 안전감을 확보하는 게 중요하다. 심리적 안전감을 증가시키기 위해서는 '안전한 대상, 안전한 장소(상황), 안전한 방식'의 3요소가 필요하다.

아주 약간의 너그러움

• 안전한 대상 : 어떤 말을 해도 나를 비난하지 않을 사람.

예) 신뢰 관계에 있는 지인, 상담자 등

• 안전한 장소 : 말과 행동에 제약을 받지 않고 자유롭게 표현할 수 있는 장소 또는 상황.

예) 혼자만의 공간(자동차 안, 방안, 상담센터 등)

• 안전한 방식 : 날것의 감정을 표현해도 공격당하지 않을 수 있는 방식.

예) 빈 의자에 말하기, 신문지 두드리기, 인형을 놓고 말하기 등

"남들이
뭐라고
생각하겠어"

대체로 평온한 편이다, 감정적이지 않으려 노력한다, 어지 간해서는 화를 내지 않는다…. 내 스스로 내가 어떤 성향을 가진 사람인지 설명해 본다면 대략 이렇게 정리할 수 있을 듯하다. 그런데 얼마 전 나 자신에 대해 재미있는 사실을 알 게 됐다. 이렇게 감정을 추스르려 노력하면서도 가끔은 '왜 나만 참아야 하지?'하는 억울함이 몰려왔는데, 그럴 때마 다 나는 '아직 멀었구나. 상담자라는 사람이 이 정도로 화 를 내다니…'라고 스스로를 평가하곤 했었다. 그런데 상담 워크숍에서 만난 슈퍼바이저 김영기 교수님은 이 부분을 놓치지 않고 피드백해 주었다.

"물론 부정적인 감정을 해결하기 위한 핵심은 내 안에서 책임을 찾는 겁니다. 그러나 그것이 지나치게 나의 경계 를 침범한 것이라면 거절하고 거부할 수 있어야 해요. 그 러지 않으면 선생님을 호구로 알 겁니다."

충격적인 말이었다. 호구, 호구, 호구…라는 말이 귓가를 맴돌며 떠나지 않았다. 동시에 그동안 나를 호구처럼 부렸을 법한 인간들의 얼굴이 떠올라 헛웃음이 났다. 그리고 자연스럽게 고개가 끄덕여졌다. '그래, 나는 호구였구나.'

"그럼 싫다고 말을 해야 했을까요?"

"그렇죠."

"네…. 그런데 그렇게 되면 상대방과 서먹해질 거고, 또 상대방이 서운해하지 않을까요?"

"선생님! 지금도 보세요. 또 내가 아닌 상대의 기분을 먼저 챙기잖아요."

'아, 나의 고질병이었구나….'

몇 초간 멍한 상태가 이어졌지만 머릿속은 맑아졌다. 그렇다고 곧바로 타인의 불편한 요구에 거리낌 없이 거절하며, 내가 하고 싶은 말을 할 수 있게 된 것은 아니다. 다만 짓눌렸던 감정의 찌꺼기들을 수렁에서 건져 올린 것 같은 기분이 들었달까? 호구란 결코 좋은 뜻이 아니기에 정신이 번쩍 들었던 것도 나의 알아차림에 한몫했을 것이다.

주변 사람들이 보는 나는 매우 다양하겠지만, 대체적

아주 약간의 너그러움

으로는 나를 자신감이 넘치고 활발하며 목표 지향적인 성격으로 파악한다. 하지만 나의 최측근들이 해석하는 나는, 사실은 겁쟁이고 조심성과 위험회피 성향이 매우 높다. 어찌 됐든 나는 주로 전자의 흐름 안에서 다른 사람들이 나를 봐줬으면 하는 바람이 있기에, 그들의 기대에 빗나가지 않으려고 노력하는 편이다. 그러자면 나는 늘 잘해야 했다. 그리고 나 스스로를 향한 이런 기대와 평가는 일상 곳곳에서 되풀이되고 있었다.

6개월 전, 내 인생 첫 테니스에 입문했다. 주 1회 또는 2회 레슨 받는 시간이 연습의 전부인지라 실력은 늘지 않고 제자리걸음이다. 그나마 최근 포핸드와 백핸드를 번갈아 가며 받아치는 연습을 시작했는데 생각처럼 쉽지 않았다. 고전하는 나에게 코치가 말했다.

"공이 어디로 가도 좋으니 자신 있게 치세요!"

알고 보니 나는 잘 쳐야지 다음 공도 그다음 공도 제대로 받아칠 수 있을 거란 생각이 앞서서, 정확하게 들어오는 공이 아니고서는 너무 조심스럽게 치고 있었다. 마음의 긴장은 근육의 긴장으로 이어져 사방으로 공이 튀었다. 이런 나에게 코치는 좀 더 자세한 설명을 해 주었다. 이제 막 시작한 초보자들은 아무런 전략도 필요 없고 후공을 미리 걱정할 필요도 없다며, 그저 공을 치는 감각을 익히는 것이 중요하다고 했다. 초보자에게는 불필요한 긴장이란 뜻이다. 게다가 테니스는 코트에 들어서는 순간부터 경기가 끝날 때까지 그 코트의 주인은 오로지 나 한 사람이니 눈치 보지 말고 마음껏 코트 전체를 사용해도 된다고 했다. 나 외엔 누구도 침범할 수 없는 경계가 분명한 공간이라고.

분명 나에게 잘 쳐야 한다고 주문한 사람은 없었다. 잘 치지 못한다고 지적하는 사람도 없었다. 그런데 나는 누구의 눈치를 보고 있었던 걸까? 평가자는 없는데 늘 조심하며 눈치를 살피는 나는 스스로 혹독한 평가자를 자처했던 것일지 모른다. 그리고 그것은 타인의 기대가 아닌 바로 나 자신의 기대였다. 사람이 어떻게 늘, 항상, 언제나 잘할 수 있겠는가?

나와 마찬가지로, 우리 주변에선 자기 자신의 혹은 타인의 평가에 민감한 사람들이 참 많다.

"눈치를 많이 보는 성격이에요. 이걸 고치고 싶은데 쉽지가 않아요. 다른 사람들 시선의 감옥으로부터 자유로워지고 싶은데 그러지 못해 불편하기만 합니다."

아주 약간의 너그러움

"내가 어떤 실수를 했을 때 남이 나를 어떻게 생각할까? 혹시 바보라고 생각하는 것은 아닐까? 무시하는 것은 아닐까? 이런 생각들이 자꾸 들어요. 실수는 실수로 넘기고 다음에 안 하면 된다고 하는데 계속 생각나서 괴롭습니다."

"잘 생각해 보니 저는 다른 사람들 기분에 쉽게 휩쓸려요. 제 감정이 다른 사람 기분에 영향을 받아서 갑자기 나빴다 갑자기 좋아지고… 자꾸만 타인에게 휘둘립니다."

상대의 반응에 매우 민감한 사람은 타인이 볼 때 전혀 문제가 되지 않는 사소한 행동까지 지나치게 신경을 쓰며, 타인이 어떻게 생각할까에 대해 과도한 집착과 걱정을 한다. 마치 타인이 나의 행동을 감시하는 것처럼 스스로 자신의 행동을 관찰, 평가하며 완벽히 통제하려 드는 것이다. 당연히 타인과 편안한 마음으로 대화를 하거나, 자신의 욕구나 감정을 솔직하게 표현하고 해소하는 것이 어려울 수밖에 없다. 주변의 비난과 기대에 못 미치는 반응을 피하기 위해 자기에게로 도망쳐 버리기 때문이다. 이것이 끊임없는 점검과 검열로부터 자기를 자유롭지 못하게 만드는 '자의식

(egotism)'이다. 자의식이 강한 사람은 결코 자신에게 너그러워질 수 없다.

나 또한 그렇다. 어느 상황에서든지 책임지는 태도가 어른이 취해야 하는 태도이며, 그래야만 성숙한 인격을 가진 사람으로 인정받을 수 있다는 생각이 머릿속을 가득 메웠다. 언제나 기대 이상의 결과를 보여 줘야 하니 걱정과 긴장을 내려놓는 것이 불가능하다. 문제는 나의 마음처럼 다른 사람들은 완벽한 결과를 기대하거나 꿈꾸지 않는다는 점이다. 그들은 최선을 다하지만 적당한 선에서 내려놓을 줄도 알았다. 그러나 그 '적당히'가 나에겐 늘 비겁한 변명처럼 느껴져 절대로 타협할 수 없는 부분이었다. 적당히를 앞세우면 제대로 하는 것이 하나도 없는 사람이라며 손가락질을 받을까 두렵다. 아마도 타인의 비난과 평가에 대한 두려움은 강의를 시작하면서 점점 커졌을 것이다. 실제 강의를 할 때마다 교육생들로부터 강의 만족도라는 성적표를 받는 것이 강사의 운명이다 보니, 아예 신경 쓰지 않기란 힘든 일이었다. 늘 평가를 염두하고 행동하다 보니 어느새 강의가 아닌 일상의 관계에서조차 나는 편안해질 수가 없었던 것이다.

개중에는 유독 자의식이 강해지는 관계도 있다. 일상에서

아주 약간의 너그러움

나의 자의식이 강하게 발동되는 경우는 대개 시어머니와 연관되어 있다. 한 예로 시댁에선 설과 추석 명절에 무조건 한복을 입어야만 했다. 그러다 보니 결혼할 때 혼수로 맞춘 한복을 16년째 입고 있는 신세다. 친구들은 한복 본전을 뽑았다며 우스갯소리를 하지만 나에겐 그저 한복을 입고 벗고 하는 단순한 문제가 아니었다. 16년 된 한복의 옷감은 낡아 삭았고, 몇 해 전에는 삭은 치마끈을 잡아당겨 묶으려다 끊어져 버린 적도 있었다. 물론 지금도 꿰매서 입고 있다. '도대체 한복이 뭐라고'란 말이 목구멍까지 올라오지만 어떤 의사표현도 할 수가 없었다. 그런데 지난 명절에 결혼 3년 차 된 동서가 한복을 가져오지 않았고, 그 핑계로 나도 자연스럽게 한복을 입지 않았다. 하지만 불똥은 나한테만 튀었다. 괜히 일이 커질까 두려웠던 나는 아무 말도 못했고, 그날 집에 돌아와서도 가슴이 답답했던 기억이 난다. 이것은 묘하게 테니스에서 배운 것과 연결되었다. 나는 테니스를 배울 때 포핸드와 백핸드 사이에서 정확한 포지션을 결정짓지 못하고 엉거주춤하는 경우가 많았다. 그런데 이 엉거주춤 자세가 상담 장면과 시댁에서도 여지없이 드러난 것이다.

언제부터인가 나는 내가 받아들이기 곤란한 사안의 일임에도 불구하고 상대의 요구에 딱 잘라 거절하지 못하는 사람이 되어 있었다. 상대가 실망할까, 더 정확하게는 실망한 상대가 나를 싫어하거나 거부하며 나를 비난할까 두려웠던 것이다. 거절하고 싶은 나의 욕구를, 불편한 나의 감정을 들키지 않도록 조심스럽게 억제했다. 그런데 계속 이런 식으로 상대가 원하는 대로 요구사항을 들어주다 보면 호구로 전락할 수도 있다는 지도교수의 말을 듣고 나니, 내가 왜 이런 엉거주춤을 택했던 건지 크게 후회가 됐다.

어떤 일이든 초보 시절이 있고, 그 시절 우리는 수많은 시행착오를 경험하며 성장하게 된다. 하지만 자의식이 지나친 경우 시행착오를 실패와 좌절로 판단해 버린다. 어떤 실수도 용납하면 안 된다고 믿는 것이다. 나의 테니스가 그랬다. 꼭 일의 성취와 관련된 것뿐만이 아니라 인간관계에서도 마찬가지다. 서로 다른 사람들이 모여 있기에 각자가 서로에게 기대하는 것이 제각각 다를 수밖에 없고, 크고 작은 갈등이 이어지는 것 또한 지극히 자연스러운 현상이다. 하지만 마치 순도 100퍼센트의 순금처럼 아무런 갈등도 발생해선 안 되고, 완전무결을 추구하며 문제 해결에 집착하게 된다면, 억제된 욕구와 감정으로 긴장은 점점 더 커지기 마련이다. 타인의 인정에 대한 강한 욕구라고 생각할 수도 있겠지만, 더 정확히는 '스스로에 대한 강한 자기애 때문'에 관

아주 약간의 너그러움

계에서조차 완벽하고 완전한 해결을 욕심내는 것이다.

나처럼 자의식이 높은 사람들은 행동하기 전 바람직한 것인지 아닌지 내부 검열을 거친다. 바람직한 행동은 표현하고, 그렇지 못하다고 판단될 경우 겉으로 드러나지 않도록 억제하고 통제한다. 억제되어 행동화되지 못한 욕구와 감정은 미해결된 채 마음 구석 어딘가에 숨어서 전혀 너그럽지 않은 감시자 역할을 한다. 자유롭게 행동해서 타인에게 거부당하는 것보다는 바람직한 평가와 관찰 속에 나를 가두고 있는 편이 훨씬 안전하게 느껴지기 때문이다. 내가 명절날 어머니를 향한 불만에도 싫은 내색을 하지 못했던 것도, 며느리로서 역할을 잘했으니 성숙한 모습을 보인 것으로 스스로 평가했기 때문이다. 아무것도 하지 않으면 아무 일도 일어나지 않는다는 말처럼, 무슨 일이 있어도 현실에 잘 적응하며 어떤 문제도 일으키지 않는 그저 '점잖은 사람'으로 남고 싶은 마음이 강하게 발동했던 것이다.

내 안의 감시자로부터 벗어나기 위해서는 타인의 눈치를 살피며 완벽을 추구하는 내 모습에 저항하고 스스로 거부해 보는 도전이 필요하다. 그리고 한편으로는 그저 집착을 내려놓고 '지금 이대로도 괜찮아', '그만하면 됐어'로 현재 이루어 놓은 것을 수용하며 만족하는 것도 필요하다. '바꿀 수 있는 것과 바꿀 수 없는 것을 구분하는 지혜'를 나에게 허락해야 한다. 다만 중요한 것은 내 상태와 환경에 대해 제대로 알아차리고, 어떤 것이 나에게 더 좋은 것인지를 스스로 선택해야 한다는 점이다.

아주 약간의 너그러움

"어차피
다 소용없고
의미없어"

상담자 "지금 그 말을 한 후 어떤 감정이 떠오르세요?"
내담자 "너무 속상하고 화가 나요."

상담자 "자신이 어떻게 느껴지나요?"
내담자 "가엽고 불쌍해요."

상담을 하다 보면, 내담자들은 의도치 못했던 다양한 상황과 감정을 경험하게 된다. 오랜 시간 회피하고 싶었던 불편한 감정들을 경험하며 당황하기도 하지만, 그래도 대부분은 자신의 감정을 온전히 느끼려 애쓴다. 하지만 종종 어떤 내담자는 자신이 느끼는 감정을 장황한 말들로 설명하며 초점을 흐리기도 하고, 이유 없이 웃거나 눈의 시선을 피하는 것으로 감정을 차단하며 둔화시키기도 한다. 그동안 회피했던 불안, 슬픔, 분노, 긴장감 등과 같은 불편한 감정을 그대로 느낌으로써 벌어질 일들을 감당할 자신이 없어

아주 약간의 너그러움

서다. 그들은 스스로 감정에 압도당하지 않기 위해 급히 다른 일을 찾거나 관계없는 행동을 한다. 이를 통해 불편한 감정으로부터 자신을 지키며 모면하고자 하는 적응의 반응을 보이는데, 이것을 '편향(deflection)'이라 한다. 멀리에서 보면 희극이지만 가까이에서 보면 비극이 된다는 말처럼, 가까이 가서 보는 것을 피하고픈 심리이다. 그래서 편향은 방어기제이면서 동시에 적응기제이기도 하다.

상담이나 교육을 통해 만나는 사람 중에는 일부러 감정을 차단하며 살았다는 사람들이 많다. 그들은 감정을 느끼고 머무르며 그것에 대해 이야기하는 것이 불필요한 에너지 낭비이며 어떤 경우 사치라고 했다. 감정을 드러내지 않으면 갈등도 생기지 않고, 관계에서 불편한 일들을 줄일 수 있다는 것이다. 당연히 감정은 되도록 차단해야 하고, 합리적이며 효율적인 생각만이 의미 있는 일이었다. 그러나 이런 식의 편향을 사용하는 사람들에게서 내가 들었던 또 다른 말은 "뭐 크게 웃을 일도 울 일도 없으니 문제 될 건 없지만 그냥 단조로워요. 한마디로 재미가 없습니다"였다. 감정은 흥분 에너지와 함께 우리의 감각에 전달된다. 흥분된 감정은 분노로 드러나기도 하고 긴장이나 슬픔 또는 즐거움 등으로 드러나기도 한다. 우리의 인생도 '희로애락'의 서사로 만들어진다. 이중 배제되어도 괜찮은 감정이란 존재하지 않는다. 모든 감정은 그 자체로 충분히 의미 있기 때문이다. 의식 속에서 의도되어 차단된 감정은 인생에 휑한 구멍을 낸다. 이 구멍은 나를 점점 무감각한 사람으로 만들 것이고, 타인과의 관계는 그저 수단으로 전락하고 만다.

한 남성이 소개팅을 한 후 상내방에게서 메시지를 받았다. 소개팅 시간 동안 그리 유쾌한 분위기가 아니었기에 남성은 굳이 문자 메시지를 보지 않더라도 어떤 내용이 적혀 있을지 짐작할 수 있었다. 역시나 메시지는 그의 짐작을 크게 벗어나지 않았고 다소 불쾌한 내용마저 적혀 있었다. 그런데 이 남성은 그 메시지를 확인한 뒤 지우지 않고, 오히려 더 꼼꼼히 자세히 읽어 봤다 한다. 친구가 괜히 기분만 상하는 내용인데 그냥 보지 말고 지워 버리지 그랬냐며 그를 답답하단 식으로 말하니, 이 남성은 친구에게 이렇게 대꾸했다.

  "아니. 끝까지 정확히 읽고 견뎌야 해. 이걸 견뎌야지만
  진짜 극복할 수 있거든."

드라마 속 이야기다. 드라마에선 코믹하게 그려진 장면이지만 이것을 편향과 연결 지어 생각해 본다면 어떨까? 우선

아주 약간의 너그러움

다소 불편하고 나를 힘들게 할 수 있는 메시지가 적혀 있더라도 그것의 실체를 확인하기 위해, 이 남자와 마찬가지로 피하지 않고 끝까지 읽는 사람들이 있을 것이다. 반대로 굳이 확인하지 않아도 불쾌한 메시지임에 틀림없으니 그냥 봤다고 생각하고 읽지 않은 채 삭제해 버리는 쪽도 있을 것이다. 나라면 어땠을까? 그리고 어느 편이 이후 수없이 펼쳐질 대인관계, 만남과 연애에 도움이 될 수 있을까? 누구나 예상할 수 있듯이, 다소 불편하더라도 명확히 본질을 들여다보는 쪽이 분명 더 도움이 된다. 우리가 경험하는 심리적 갈등과 혼란은 그저 시간이 지난다고 해결되거나 모른 척 묻어 둔다고 해서 사라지는 게 아니기 때문이다. 어떤 문제든 그것을 이해하고 해결하기 위해서는 사실을 회피하지 않고 문제의 중심부에 머무르는 과정이 반드시 필요하다.

자신의 수입을 초과한 지출로 과도한 카드 사용을 한 사람이 카드 대금 고지서를 확인하는 것이 두려워 그냥 지나쳐 버린다면 가계 경제의 악순환은 나아질 수 없다. 이것은 꼭 불편한 감정에만 국한되는 것이 아니다. 긍정적이며 만족스러운 감정에도 동일하게 적용할 수 있다. 예를 들어 자신이 너무나 원하던 시험에 합격을 했거나 사랑하는 사람에게 축하해 줄 일이 있는데도 자신의 감정을 솔직하게 표현하지 못하고 차단하는 사람이라면, 인생의 즐거움을 제대로 느끼지 못하며 살아갈 수밖에 없다.

자신의 알아차림을 차단하는 사람들의 특징은 질문을 받았을 때 대답을 회피하며 초점을 흐려 놓는다는 점이다. 이런 사람들은 상담을 할 때도 일단 부인하며 방어벽을 친다.

"스트레스를 받으면 주로 어떻게 해소하는 편이세요?"

"뭐, 딱히 뭘 하지는 않아요."

"일로 힘들거나 스트레스 받은 것을 함께 공유하는 동료가 있으세요?"

"혼자가 편해요. 딱히 사람들이랑 이야기한다고 해서 문제가 해결되는 것도 아니잖아요."

"회사에서도 퇴근해서도 혼자일 때가 많으시네요?"

"네. 거의 혼자죠."

"외롭거나 하진 않으세요?"

"혼자 있으면 오히려 집중되고 좋아요. 사람을 크게 신경 쓰는 편은 아니에요."

이 내담자는 무엇을 물어도 자신은 혼자가 편하며 외로움을 느낀 적이 없다고 말했지만, 사실은 본인의 대답과는 다르게 대인관계에서의 불편을 호소하며 상담에 온 경우였다. 그는 직장에서는 일 처리 능력이 탁월하면 다른 것은 중요하지 않다는 말을 자주 반복했다. "직장은 결국 누가 일을 얼마나 잘하는가가 중요하잖아요. 뭐 인간관계 잘하는 게 도움은 되겠지만 저는 중요하게 생각하지 않아요." 그는 상담하는 동안 인간관계가 중요하지 않다는 말과 자신은 혼자가 편하다는 말을 자주 반복했다. 한 번은 그 말을 하며 입술을 앙다문 후 한숨을 뱉어 냈다. 정말 그의 말이 사실이라면 그는 대인관계로 힘들어할 이유가 없었다. 분명 그의 말은 이중됨을 가지고 있었고, 나는 그가 이 부분을 객관적으로 볼 수 있도록 질문했다.

"관계는 중요하지 않다고 말하면서 관계 때문에 힘들어하시네요."

"다른 사람들도 다 그렇지 않나요?"

"저는 효섭 씨의 생각을 듣고 싶어요. 본인은 어떠세요?"

"음…(한숨)."

"지금 한숨을 쉬셨는데 그 한숨은 무엇을 의미하는 걸까요?"

"음… 그냥 한심하기도 하고 답답하네요."

"누가 한심하다는 걸까요?"

"제가요."

"답답한 건 누구예요?"

"그것도 저죠. 그런데 사실 다른 사람들도 다 그렇지 않나요? 다들 관계가 중요하다고 하지만 아닐걸요. 결국은 다 자기 밥그릇 챙기기 바빠요."

"다른 사람들이 관계를 중요하게 여기지 않으면서 자기 것만 챙긴다는 사실이 효섭 씨와 어떻게 연관되어 있나요?"

"말해 봤자 소용없다는 거죠. 각자 자기 생각만 하니. 스트레스만 받고 말해도 관심도 없어요."

"그러면 다른 사람들이 관심을 가져 주고 잘 들어 준다면 달라질까요?"

"그러겠죠…."

우리는 매 순간 지금-여기에서 감정을 느끼고, 뭔가를 하고 싶은 욕구와 생각을 가지고 행동한다. 그런데 이것을 차단할 경우 우리는 느끼는 것에 둔감해지고 원하는 욕구를 충족하는 것으로부터 점점 멀어지게 된다.

70대 중반을 넘긴 엄마는 트로트 가수 장민호의 팬이다. 그가 나오는 프로그램은 하나도 빼놓지 않고 챙겨 보고 광고 모델인 제품은 무조건 산다. 어느 날 나는 엄마에게 메시지 하나를 받았다. "내가 이 말을 안 하면 평생 후회할 것 같다. 6월 5일 장민호, 이찬원 콘서트가 있는데 꼭 가고 싶다. 집에서도 가까워." 메시지를 받자마자 나는 가족 단톡방에 엄마의 메시지를 공유했다. 언니, 오빠 부부와 성인이 된 조카들까지 머리를 맞댄 끝에 일사천리로 표를 구입했고, 콘서트 당일 장소까지 어떻게 누가 엄마와 함께 이동할 것인지 철저히 계획을 짰다. 드디어 콘서트 날. 하필 아침부터 비가 내렸고 오후가 되면서 빗줄기는 더욱 굵어졌다. 장소가 야외 공연장이라 우리는 걱정이 컸지만 정작 빗속에서 3시간의 공연을 보고 오신 엄마는 어느 때보다 행복해 보였고 매우 흥분한 상태였다. 마치 전쟁 영웅담을 풀어내듯이 엄마는 빗속에서 관람한 3시간의 열기를 몇 번이고 반복해서 재현하며 즐거워하셨다. 그러면서 이런 말을 했다. "내 옆에 앉은 사람은 거기까지 와서 노래도 안 따라 부르고, 박수도 안 치고, 그냥 가만히 앉아서만 보더라. 그러면 하나도 재미없는데…. 그러면 재미없어!"

그날 엄마가 온몸이 비에 젖고 불편한 자리에서 긴 시간 공연을 보느라 힘들었을 텐데도 오히려 더 신나 보였던 이유는 그 순간 느껴지는 감정을 그대로 누렸기 때문일 것이다. 반대로 삶에서 흥분을 억제하고 마비시켜 버린 사람들은 이상형의 이성을 만나거나 신나는 음악을 듣고, 맛있는 음식을 먹고, 여행 중 멋진 경치를 보더라도 그저 덤덤하게 지나칠 뿐이다. 삶에서 만나게 되는 심리적 갈등과 혼란을 피해 불안, 슬픔, 좌절 등과 같은 감정을 차단할 경우 불안을 줄이는 것에는 성공할 수 있지만 우리는 삶에서 그에 따른 또 다른 내사를 치를 수밖에 없다.

프리츠 펄스는 '내사'를 보이는 사람은 다른 사람이 기대하는 대로 행동하고, '투사'를 하는 사람은 타인이 자기에게 하고 있다고 생각되는 행동을 타인에게 하며, 병적인 '융합' 관계에 있는 사람은 누가 누구에게 무슨 행동을 하고 있는지를 모른다고 했다. '반전'을 하는 사람은 타인에게 하고 싶은 행동을 자기 자신에게 한다고 했으며, '자의식'이 강한 사람은 자신의 행동에 대한 타인의 반응을 지나치게 의식해 염려와 걱정 속에 살아간다고 했다. 그리고 '편향'을 하는 사람은 감정을 차단시켜서 무감각하게 세상을 산다고 요약한 바 있다.

지금까지 알아본 6가지 요소, 즉 우리의 알아차림을 방해하고 문제 해결을 위한 에너지 동원을 가로막는 요소로부터 완전히 자유로운 사람은 사실 드물다. 나 또한 이

　　　　　　　　　　아주 약간의 너그러움

6가지를 아주 골고루 사용하고 있으며 미해결된 문제들과 함께 살아가고 있음을 솔직히 고백한다. 하지만 나는 이런 고백이 내 삶의 변화를 만들어 가기 위한 시작이 되어 줄 거라 믿으며, 책을 읽는 독자 모두가 나와 마찬가지로 자신이 가지고 있는 방해 요소를 발견하길 바란다. 결국 삶을 충만히 누릴 수 있는 너그러움은 있는 그대로의 받아들임에서 시작하기 때문이다.

너그러움에 접촉하는 법

우리가 지금보다 조금만 더 너그러워지면 좋겠다고, 그러면 한결 더 여유롭고 덜 퍽퍽한 삶을 살아 낼 것 같다고 생각한 뒤부터, 스스로 가장 많이 던졌던 질문은 '나는 과연 나에게 너그러운가?'라는 것이었다. 그리고 만약 아니라면 나는 나에게 너그러워지기 위해 어떤 변화를 가져와야 할지를 주로 고민했던 것 같다. 이는 내가 감추고 싶거나 부족하다고 느끼는 부분들을 온전히 수용하고 받아들이려면 무엇이 필요한가에 대한 고민이기도 했다.

내가 찾은 이야기의 시작은 1장에서 이야기했듯 우선 나에게 일어나는 현상을 알아차리는 것이었다. 이때 알아차림과 마음 청소를 방해하는 요인들이 존재했기에, 2장을 통해 방해 요인에 대해 살폈다. 이제 마지막은 내가 원하는 것을 행동에 반영하여 충족시키는 일이다. 이것을 게슈탈트 심리치

아주 약간의 너그러움

료에서는 '접촉(Contact)' 또는 '만남'이라고 말한다. 일상에 접촉하는 순간들이 많아진다면 나의 선택을 더욱 존중하게 될 것이고, 궁극적으로 나와 타인을 수용하는 너그러움에 다다를 수 있다.

게슈탈트 전문가 김정규 박사는 그의 저서 《게슈탈트 심리치료》에서 나와 타인을 향한 너그러움에 직접적인 영향을 주는 접촉의 종류를 ① 자기 자신과의 접촉, ② 대인관계 접촉, ③ 환경과의 접촉, 이렇게 셋으로 나누어 설명한다. 물론 이 셋은 서로 유기적인 관계 속에 놓여 있기 때문에 명확히 구분되기보다는 오히려 연관되어 작용한다. 이때 무엇보다 나와 타인의 경계를 지키면서 충족시키는 것이 중요하다. 한쪽의 희생이나 강요로 이루어지는 것은 진정한 접촉이라 할 수 없기 때문이다. 그렇다면 과연 나, 타인, 환경을 고려한다는 것은 어떤 의미일까?

얼마 전 남편과 둘레길로 산책을 다녀오던 길에 그 근처 국숫집에 들어갔던 적이 있다. 국수 두 그릇을 주문한 후 기다리고 있는데 맞은편 테이블에 앉은 손님의 말소리가 또렷하게 들려왔다. 70대 정도로 보이는 어르신이었는데 직원을 향해 "어이, 언니, 김치"라며 하대하듯 말하고 있었다. 물론 이 경우 어르신이 원하는 서비스에 대한 욕구는 충족되었을 것이다. 그런데 직원 입장에서는 결코 유쾌한 상황이 될 수 없다. 나의 욕구만 챙기는 이기적인 너그러움은 타인에게 무례함이 될 수도 있다. 그러니 접촉을 위해서는 우선 나, 타인, 환경의 알아차림이 전제되어야 한다.

역사상 최악의 소프라노라고 불리는 플로렌스 포스터 젠킨스는 상황과 환경을 제대로 알아차리지 못하고 자신의 욕구를 충족시키는 것에만 과몰입한 대표적인 인물이다. 나는 그녀가 부른 모차르트의 마술피리 2막 중 밤의 여왕 아리아를 들어 본 적이 있는데, 음악적 지식이 없는 내가 듣기에도 매우 낮은 수준의 노래였다. 그러나 당사자인 플로렌스는 자신의 노래를 듣다가 웃는 사람들을 향해 자신의 재능을 시기해서 그러는 것으로 생각했고, 자신이 부른 노래에 크게 만족했다고 한다. 급기야 플로렌스는 음악을 사랑하는 마음과 자신의 재력을 앞세워 많은 음악가들에게 꿈의 무대로 불리는 미국의 클래식 음악 전당 카네기홀에서 공연을 한다. 내가 보기에 그녀는 상황뿐만 아니라 자신에게조차 온전히 너그럽지 못한 사람이다. 자신의 노래 실력을 있는 그대로 받

아주 약간의 너그러움

아들이지 않고, 이상적인 자신을 실제라고 착각한 것이기 때문이다. 결국 그녀의 불완전한 너그러움은 대중의 조롱이 될 수밖에 없었다.

한동안 자폐스펙트럼장애를 가진 변호사를 주인공으로 한 드라마 〈이상한 변호사 우영우〉에 흠뻑 빠졌는데, 이 중에서 유독 기억나는 에피소드가 있다. 어느 날 주인공 우영우 변호사가 동료 변호사와 함께 탈북 여성의 폭력 사건 변호를 맡게 되는데 재판에 증인으로 부른 의사의 기분을 상하게 하는 일이 발생한다. 그런데 운 나쁘게도 이 증인이 우영우가 속한 로펌의 무척 중요한 클라이언트였다. 이 때문에 우영우의 오피스 파더로 불리는 선배 변호사가 동료 파트너 변호사에게 가혹한 질타를 받는다. 다소 억울할 수도 있는 상황이지만 그는 언쟁을 하지 않는다. 동료에게 자기 잘못이 맞으니 그만하라고 달래 보낼 뿐이다. 그리고 망설이다 후배들에게 말한다. "그래도 그깟 공익 소송, 그깟 탈북자 사건, 그렇게 생각하진 말자. 수십억짜리 사건처럼은 아니지만 열심히 하자"고 말이다. 나는 이 에피소드를 보면서 한 조직에 소속된 개인이 취해야 하는 선택과 책임의 현실을 잘 반영한 장면이라는 생각을 했다. 내가 보기에 선배 변호사는 지금-여기에 드러난 현상을 잘 알아차린 후 주어진 상황에서 자신에게 비굴해지지 않는 최선을 다했다. 이것이 누구도 소외시키지 않은 상태에서 나, 타인, 환경 간에 연결된 유기적인 상황을 고려한 균형 있는 접촉이다. 선배 변호사는 어떻게 이런 선택을 할 수 있었던 것일까? 아마도 자신의 선택과 그것을 책임질 수 있는 사기확신이 있었기 때문일 것이다.

이런 맥락에서 이번 장에서는 접촉에 대해서, 즉 한 사람이 자신과 타인에게 너그러움을 유지하기 위해 인생의 미해결 과제들을 해소하려면 어떻게 해야 할지를 다루고자 한다. 마음속에 쌓인 오래된 쓰레기들을 하나씩 치우고 정리해서 깨끗이 비우는 방법을 배워 보자. 소개하는 다양한 방법들과 실험 과정을 통해 자신의 능력과 존재를 회복하고 자기(Self)를 활성화하는 계기가 되길 바란다.

아주 약간의 너그러움

첫 번째 방법,
익숙한 것을 낯설게 보기

혹시 꽃이 피고 지는 것, 새가 우는 소리, 비가 내린 후의 나뭇잎 등과 같은 자연의 변화를 잘 알아차리는 편인가? 만약 그렇다면 적어도 당신은 자신이나 타인에게 무심한 사람은 아닐 것이다. 주변의 환경을 자각하고 끊임없이 교류하는 것과 존재를 파악하는 것은 분명 연관성이 있기 때문이다.

내가 감명 깊게 봤던 영화 한 편이 있다. 2013년 개봉된 오래된 영화인데 자신의 과거를 변경할 수 있는 타임슬립 능력을 가진 남자의 이야기를 다룬《어바웃 타임》이다. 남자는 가끔 벽장 속 타임슬립을 통해 불만족스럽거나 후회되는 날로 돌아가 과거와 다른 선택을 하며 자신의 미래를 바꿔 간다. 그렇게 영화는 재미있는 에피소드를 잔뜩 보여 준다. 그러다 후반부에 그와 동일한 능력을 가지고 있었던 아버지가 행복을 위한 공식이라며 유언 비슷한 말을 아들에

아주 약간의 너그러움

게 남긴다. 그것은 두 단계였는데, 첫 번째 단계는 그저 평범하게 하루하루를 사는 것이다. 그리고 두 번째는 자신이 살았던 날로 되돌아가서 한 번 더 사는 것이다. 긴장과 걱정으로 제대로 보지 못했던 주변의 환경들을 모두 체험하며 하루를 다시 살라는 요지였다.

영화에서 남자가 보낸 첫 번째 하루는 그저 바쁘기만 하다. 상사의 불만을 그대로 견디고, 제때 식사 한 끼를 편하게 할 수 없는 처지에 스트레스를 받고, 성과가 있어도 그저 누구나 하는 일이라는 식으로 축소시켜 별다른 의미를 두지 않는다. 그리곤 그렇게 보낸 하루가 너무 지치고 힘들었다고 고백한다. 그러나 두 번째 하루는 달랐다. 두 번째 단계에서 그는 상사와 동료 사이에서 느끼는 감정을 억압하지 않은 채 적절히 표현할 수 있었고, 주변 사람들의 표정부터 매일 보는 일터의 인테리어 소품 하나하나까지 빼놓지 않고 체험한다. 덕택에 사람들이 그를 보며 웃고 있음을, 사무실이 장식품들로 멋지게 꾸며져 있음을 자각한다. 그는 두 번째 하루에 대해 매우 좋았던 날이라고 말한다.

달라진 것은 없었다. 주변 사람들과 환경도 모두 똑같았다. 유일하게 변한 것이 있다면, 그가 느껴지는 감정을 그대로 표현했고 눈에 보이는 것들을 놓치지 않고 체험했다는 것이다. 그것만으로도 그가 고백한 하루는 매우 지치고 피곤한 날에서 매우 좋았던 날로 180도 바뀌어 있었다.

로고테라피(logotherapy, 의미치료)의 창시자 빅터 플랭클은 그의 저서《죽음의 수용소에서》에서 인생을 두 번째로 사는 것처럼 살라고 했다. 내가 지금 막 하려고 했던 행동이 첫 번째 인생에서 이미 실패했던 바로 그 행동이라고 생각하며 가치 있는 삶을 만들라는 조언이다. 이는 자신의 선택에 책임을 져야 한다는 의미인데, 영화《어바웃 타임》의 장면에 대입해 보니 이 말의 의미를 쉽게 이해할 수 있었다. 로고테라피에서도 이와 관련해서 여러 가지 방법을 제안하고 있는데, 나는 이것을 환경 접촉으로 제안하고 싶다. 이때의 핵심은 '이미 낯익은 것으로부터 낯설음을 발견하는 것'이다.

나는 대학원 석사 논문에서 문학작품을 활용한 집단 상담의 효과를 다뤘었다. 사람들은 소설, 시, 동화, 그림책 등과 같은 문학작품을 읽으며 심리적 회복을 경험한다. 문학에는 나의 처지와 비슷한 주인공이 있고, 고통스러운 삶의 과정이 고스란히 들어가 있다. 우리는 글을 읽으며 주인공의 경험을 마치 내가 직접 겪는 것처럼 동일시한다. 내가 살고 있는 실제 현실은 너무 익숙해서 새로울 것이 하나도 없는 지루한 일상인 반면, 문학작품에서 만나는 나의 일상은 같

아주 약간의 너그러움

지만 낯설며 새로운 해석이 가능하다. 그리고 이 과정에서 우리는 성찰과 통찰을 경험한다.

네 번째 책을 출간하고 한 라디오 방송에 출연한 적이 있다. 문지애 아나운서가 진행하는 프로그램이었는데 방송 중간중간 노래와 광고가 나가는 시간에 짤막한 대화를 할 수 있었다. 문 아나운서는 결혼과 임신 출산의 과정을 보내며 방송국을 퇴사하고 프리랜서로 활동하는 중이었다. 그리고 이와 별개로 그림책을 활용한 독서 프로그램을 진행하면서 해당 분야의 책을 출간했는데, 내가 만난 그날도 그녀의 옆에는 에코백 가득 여러 권의 그림책이 들어 있었다. 그녀는 한동안 방송국을 퇴사하고 우울한 날들을 보냈다고 했다. 화려한 무대에서 내려와 평범한 일상을 살고 있는 자신의 존재가 너무 초라하고 작아 보였다고. 그러던 어느 날 김장성 작가의《민들레는 민들레》라는 그림책을 봤다. 어디서나 흔하게 피는 이 꽃은 피는 장소나 무리가 중요하지 않다. 그저 민들레기 때문에 민들레라고 불릴 뿐이다. 그래서 그녀에게는 '민들레는 민들레'라는 문장이 '문지애는 문지애'로 읽혔다고 했다. 따뜻한 말이었다. 이것이 문학이 가진 힘이다. 작품 속 주인공에 빗대어 나를 동일시하다 보면 어느새 그것은 나의 서사가 되어 있기 때문이다. 실제 내 이야기를 스스로 해석하려면 객관성을 잃게 되는데, 이렇듯 작품 속 주인공의 삶이라 생각하고 보면 부담 없이 객관적인 해석이 가능해진다. 그러다 어느 순간 그것이 나의 삶이 투영된 것임을 알아차리게 된다. 내 안의 낯익은 것으로부터 낯설음을 발견하는 것은 매우 흥분되며 기분 좋은 접촉이 되어 준다.

그렇다면 우리 주변에서 낯설음을 발견할 수 있는 일에는 어떤 것들이 있을까? 가장 손쉬운 방법으로 '산책'을 추천하고 싶다. 좀 더 정확하게는 '경외심'을 체험하는 산책이다. 앞서 2장에서 두 살 된 반려견과 산책을 통해 경외심을 체험한 일화를 소개했던 것처럼, 경외심은 집 앞 산책길에서 꽃이 피고 지는 것을 통해서도 체험할 수 있는 일이다. 멀리 알래스카의 오로라나 사하라사막과 같은 웅장한 자연은 말할 것도 없다. 실제 글로벌 뇌건강 연구소와 캘리포니아대학 샌프란시스코 캠퍼스의 기억 및 노화센터 연구진은 주기적으로 자연환경 속에서 걷는 산책이 정신적인 웰빙에 도움이 된다는 연구 결과를 발표했다. 75세 이상 된 노인 52명이 8주에 걸쳐 매일 15분 이상을 자연 속에서 걸었는데, 이를 통해 친사회적이며 긍정적인 감정이 향상되었고 스트레스 지수가 감소했다고 한다. 연구진이 소개한 산책의 방법은 그냥 무작정 걷는 것이 아니라 신체 감각을 통해 자연

아주 약간의 너그러움

환경을 최대한 체험하며 걷는 것이었다. 땅에 떨어진 잎사귀가 바삭한지 촉촉한지 만져 보고, 소리에 집중하며, 나뭇잎을 위로 뿌리거나 냄새를 맡는 등 다양한 체험을 하게끔 한 것이다. 실험자들은 웅장한 자연환경 속에서 경외심을 경험했다고 답했다. 연구진은 이러한 경험이 내부 세계에 몰입하는 시선을 외부 세계로 전환시키고 이를 확장시키는 데 기여한다고 설명했다. 바로 이것이 영화 어바웃 타임에서 주인공의 하루가 달라질 수 있었던 이유이기도 하다.

요즘 직장인들 사이에서는 점심 식사 후 10분 동안 짧게 산책하는 '마이크로 산책'이 인기다. 긴 시간을 투자하거나 멀리 떠나는 여행길은 아니지만 10~20분 정도 복잡한 인간관계와 쌓여 있는 일에서 벗어나 가볍게 걷는 것이다. 산책하며 신선한 공기를 마시고 기분전환을 하는 것은 분명 정신건강에 도움이 된다. 이때 그냥 걷기만 하는 게 아니라 새롭고 낯설게 느껴지는 것을 찾아보면 어떨까? 느린 속도로 천천히 걸으며 산책길을 음미하길 추천한다. 그러기 위해서는 비판하지 않고 있는 그대로를 볼 수 있어야 한다. 우리의 마음 현상을 바라볼 때도 마찬가지다. 마음에 떠오르는 현상들을 있는 그대로 수용하는 마음챙김(Mindfulness)이 필요하다. 내가 느끼는 신체 감각부터 나의 생각과 욕구,

감정을 그대로 알아차리고 비판 없이 받아들이다 보면, 나와 타인을 향한 깊은 연민의 너그러움을 체험할 수 있을 것이다.

 음미하기란 무엇인가?

음미하기란 좋은 것의 가치를 알아차리고 만끽하는 것이자, 즐겁고 긍정적인 감정을 극대화하는 것이다. 즉 지금-여기에서 일어나는 현상들에 집중하고 즐김으로써 삶 속에서 긍정적인 정서를 인식하고 증진하는 것을 의미한다. 여기에서 중요한 키워드는 '만끽, 극대화, 증진'이다. 그저 긍정적인 경험을 하는 것에 그치지 않고 최대한 만끽할 수 있도록 행동하는 것이 핵심이다. 예를 들어 맛있는 음식을 먹은 후 그저 "맛있네"로 끝내는 것이 아니라, "음~ 정말 맛있어. 마치 지중해로 여행을 온 것만 같은 풍미 가득한 맛이야"와 같은 식으로 좀 더 강렬하고 임팩트있게 표현해 보는 것이다.

① 천천히 본다.
② 감각을 사용한다.
③ 새롭게 깨닫게 되는 것이 있는지 알아차린다.
④ 그냥 넘기지 않고 감탄한다.

아주 약간의 너그러움

⑤ 조금 더 집중한다.

⑥ 당연한 것을 당연하지 않게 받아들이도록 한다.

두 번째 방법,
그동안 차단시켰던
핵심 감정 만나기

감정을 가리켜 삶의 나침반이라 한다. 이 말은 인생의 중요한 선택과 결정, 행위에 있어서 우리가 감정의 영향을 크게 받는다는 뜻이다. 사람들에게 '당신은 이성과 감정 중 뭘 기준으로 삼고 판단하나요?'라고 물으면 대부분 이성이라고 대답한다. 하지만 인간이 어떤 결정을 하고 행동으로 옮기기까지 이성과 감정이 서로 커뮤니케이션을 하기 때문에, 이성은 감정으로부터 결코 자유로울 수 없다.

예를 들어 다이어트를 계획한 어떤 사람이 오늘 밤부터 저녁을 단백질 셰이크로 대체하기로 했다고 해 보자. 그런데 가족들이 모여 치킨을 먹고 있는 모습을 본 순간, 이 사람의 감정은 흥분 상태가 된다. 그래서 '오늘까지만 먹고 내일부터 다이어트하자'로 빠르게 계획을 변경해 버린다. 후각에 영향을 받은 감정의 뇌(변연계)가 이성을 설득시킨 것이다.

그러므로 감정을 다스리지 않고서는 아무리 이성에

근거한 완벽한 선택과 사고라 할지라도 실현될 수 없다고 전문가들은 말한다. 그만큼 감정은 뇌 깊숙이 장착된 생존 프로그램이기 때문에 의식으로 통제가 어렵다. 그런데 어찌 된 일인지 '불안, 수치심, 죄책감'과 같은 부정적 감정을 차단하도록 학습된 사람들이 있다.

평소에 굉장히 밝은 사람이라고 생각했던 여배우가 방송에 나와 가정사를 솔직하게 털어놓는 장면을 봤다. 그녀에게는 장애를 가진 오빠가 있었는데, 그러다 보니 성장하는 과정에서 늘 '내가 동생이지만 오빠를 잘 챙겨야 한다', '내가 잘해야 한다', '장애를 가진 오빠를 대신해서 내가 참아야 한다'는 강한 압박감을 가지고 생활해 왔다. 이는 일상에서도 많은 영향을 끼쳤다. 혹시 인간관계에서 갈등이 만들어지거나 부정적인 감정들로 분위기가 팽팽해지면, 그 순간이 견디기가 힘들어 웬만하면 본인이 희생하더라도 불편한 감정을 드러내지 않고 참았다. 그녀는 이렇게 반복되는 위축된 행동의 원인이 오빠 때문이라 생각하며 살았다고 한다. 그런데 더 좋은 환경에서 자라는 자신의 아이가 자신과 똑같이 행동하는 것을 보고, '아, 그렇다면 내 행동은 오빠 때문에 만들어진 것이 아니라 그냥 나의 기질 때문일 수도 있겠구나'라는 생각을 처음으로 했다며 울먹였다. 아마도

아주 약간의 너그러움

그녀는 지금껏 늘 타인과의 관계에서 위축되는 마음이 들거나 잘해야만 한다는 압박감이 찾아오면 그 원인을 오빠 때문이라고 투사했을 것이다. 그런데 방송을 통해 그게 아님을 알아차리고 이를 인정하면서 죄의식을 느꼈던 것 같다.

어쨌거나 이 여배우는 '두려움, 분노, 슬픔, 혐오감, 기쁨, 흥분, 성적 흥분'과 같은 온갖 감정들이 느껴질 때 이를 억제하면서 살았다. 억제한 감정을 들키지 않으려고 잘 참고, 배려하며, 수용적이며, 인내하는 사람이 되려고 했다. 나를 향한 너그러움을 차단한 채 살아온 것이다.

사람들에게는 평생의 숙제처럼 해결하지 못하고 남아 있는 미해결 과제가 있을 수 있다. 그 여배우에겐 그것이 수치심과 죄의식이었지만 사람마다 각자가 지닌 미해결 과제는 다르다. 이러한 미해결 과제와 연결된 감정을 가리켜 개인의 '핵심 감정'이라 한다. 그리고 우리의 너그러움은 저마다 가지고 있는 자신의 핵심 감정을 수용할 때 얻을 수 있다.

감정은 욕구의 만족과 불만족에 관여하기 때문에 회피한다고 될 일이 아니다. 반드시 알아차리고 체험해야 한다. 우리가 느끼는 감정은 쉽게 내가 원하는 것이 충족되었을 때 느껴지는 감정과 충족되지 않았을 때 느껴지는 감정으로 나

뒤 볼 수 있다. 나의 핵심 감정을 잘 접촉하기 위해서는 우선 감정의 단어들을 많이 파악하는 것이 중요하다.

욕구가 충족되었을 때 느끼는 감정

감동 받은, 뭉클한, 감격스러운, 벅찬, 황홀한, 환희에 찬, 충만한, 흥분되는, 고마운, 감사한, 즐거운, 유쾌한, 통쾌한, 경이로운, 기쁜, 반가운, 행복한, 따뜻한, 감미로운, 포근한, 푸근한, 훈훈한, 정겨운, 친근한, 뿌듯한, 산뜻한, 상쾌한, 만족스러운, 개운한, 흡족한, 후련한, 든든한, 흐뭇한, 홀가분한, 편안한, 느긋한, 담담한, 친밀한, 긴장이 풀리는, 차분한, 안심되는, 가벼운, 평화로운, 누그러지는, 고요한, 여유로운, 진정되는, 잠잠해진, 평온한, 흥미로운, 재미있는, 끌리는, 활기찬, 짜릿한, 신나는, 용기 나는, 기력 넘치는, 당당한, 살아 있는, 생기가 도는, 원기가 왕성한, 힘이 솟는, 두근거리는, 기대에 부푼, 희망에 찬

욕구가 충족되지 않았을 때 느끼는 감정

걱정되는, 까마득한, 암담한, 염려되는, 근심하는, 신경 쓰이는, 뒤숭숭한, 무서운, 섬뜩한, 오싹한, 겁나는, 두려운, 진땀 나는, 주눅 든, 막막한, 불안한, 조바심 나는, 긴장한, 떨리는, 조마조마한, 초조한, 불편한, 거북한, 겸연쩍은, 곤혹

아주 약간의 너그러움

스러운, 멋쩍은, 쑥스러운, 괴로운, 난처한, 답답한, 갑갑한, 서먹한, 어색한, 찜찜한, 슬픈, 그리운, 목이 메는, 먹먹한, 서글픈, 서러운, 쓰라린, 울적한, 참담한, 한스러운, 비참한, 속상한, 안타까운, 서운한, 김빠진, 애석한, 낙담한, 섭섭한, 외로운, 고독한, 공허한, 허전한, 허탈한, 쓸쓸한, 허한, 우울한, 무력한, 무기력한, 침울한, 피곤한, 노곤한, 따분한, 맥빠진, 귀찮은, 지겨운, 절망스러운, 실망스러운, 좌절한, 힘든, 무료한, 지친, 심심한, 질린, 지루한, 멍한, 혼란스러운, 놀란, 민망한, 당혹스러운, 부끄러운, 화나는, 약 오르는, 분한, 울화가 치미는, 억울한, 열 받는, 짜증 나는

_출처 : 한국비폭력대화 교육원

자신의 핵심 감정에 접촉하려면, 지금까지 살면서 당신에게 '허용되었던 감정'과 '차단되었던 감정'이 무엇인지 체크해 보기 바란다. 예를 들어 아이가 슬퍼하는 모습을 본 아버지가 "남자답지 못하게…(쯧쯧)"라며 야단을 쳤다면 아이는 슬픈 감정을 표현하는 것이 좋지 않다고 학습하게 된다. 또 신이 나서 흥분한 아이를 향해 "얌전하게 굴지 못하겠니?"라며 행동을 제지한다면 아이는 흥분을 억제하는 방법을 익히려 노력할 것이다. 두려움이나 분노의 감정도 마찬가지다. 내가 느낀 감정에 대해 상대로부터 부정적인 반

응을 들은 사람들은 이를 기억에 새긴다. 그리고 이후로는 이런 감정이 느껴지면 표현하기보다는 혼자서 삭이는 쪽을 택한다.

권위자에 의해 강요되었든 아니면 스스로 주입시켰든, 반복적으로 학습된 내사는 우리가 생존 감정이라고 분류하는 핵심 감정들을 차단하게 만든다. 그러니 나에게 허용된 또는 차단된 감정을 알아차리고, 그것이 어떤 식으로 허용되거나 차단된 것인지 방해 요인을 함께 알아차릴 수 있어야 한다. 예를 들어 흥분의 감정이 체험되려 할 때 '조신하게 행동해야 해'라는 생각이 들면서 수치심으로 작동했을 수 있다. 이런 식으로 분노는 불안으로, 슬픔은 죄책감으로 차단당하기 쉽다.

간혹 우리의 감정을 이분법적 형식으로 나눠서, 분노는 나쁜 감정이고 행복은 좋은 감정이라고 이해하는 경우가 있다. 이런 생각은 완전히 틀린 표현이다. 감정은 좋고 나쁨으로 구분할 수가 없다. 모든 감정은 의도하지 않은 상태에서 자연스럽게 만들어지는 것이기 때문이다. 감정을 차단하지 않고 접촉하려면 감정에 대한 잘못된 편견부터 없애야 한다. 아래 질문에 답하면서 감정의 특징을 이해하고 나의 생각을 점검해 보자.

아래의 지문을 읽고 O, X로 체크해 보세요.

· 화나 짜증은 좋지 않은 감정이다.   O   X

· 감정은 시간이 지나면 저절로 사라진다.   O   X

· 감정은 억압, 회피 후 다시 나타날 수 있다.   O   X

· 감정은 표현과 처리 방법의 문제이다.   O   X

· 감정은 완벽히 통제되어야 한다.   O   X

· 감정은 완벽한 통제는 불가능하며, 적절한 조절이
  필요하다.   O   X

· 불안하면 문제가 생긴다.   O   X

정답 : X X O O X O X

감정을 향한 편견을 제거하면 조금은 더 편안한 마음으로 날것의 감정에 접촉할 수 있게 된다. 감정은 감정일 뿐 이 감정을 느끼는 것만으로는 당신이 걱정하는 그 어떤 일도 일어나지 않는다. 그러니 내가 느끼는 감정에 마이크를 건네서 목소리를 내도록 하자. 실제 상담에서도 감정의 차단이 심한 내담자에게는 오히려 그 감정이 되어서 말해 보도록 요구한다.

우리의 감정은 죽지 않고 살아 있다. 비판하지 않고 허용하는 마음으로 듣는다면 분명 용기를 낼 수 있다. 감정을 알아차려 이름 붙이고 인정해 줄 때 오히려 진정되고 조절된다는 게 이미 과학적으로도 증명됐다. '단어에 감정 싣기'라는 FMRI 연구에서 연구진은 참가자들에게 감정이 담긴 표정을 한 사람들 사진을 보여 주었는데, 사진의 감정에 따라 참가자들의 편도체가 활성화되는 것이 확인되었다. 이때 참가자에게 감정에 이름을 붙이라고 했더니 배측전두엽피질이 활성화되고 편도체 반응이 줄어들었다. 감정을 의식적으로 알아차리자 감정의 영향이 감소한 것이다.

그러니 감정을 회피하는 것이 답이 될 수는 없다. 물론 긴 시간 억압하고 회피했던 핵심 감정을 만나는 게 쉬운 일은 아니다. 작게는 어색하거나 불편한 느낌을 받을 수 있고, 크게는 두려움과 수치심, 죄책감이 건드려지기 때문이다. 그럼에도 불구하고 핵심 감정 접촉을 중요하게 다루는 이유는 이 부분이 깨지지 않으면 사실상 접촉은 불가능하며 자기를 있는 그대로 수용할 수 있는 기회를 빼앗기 때문이다. 너그러워지고 싶다면 내가 느끼는 감정에 마이크를 건네 보자.

세 번째 방법,
간격을 지키는
관계에 대해 배우기

내가 좋아하는 시 중에 안도현 시인의 〈간격〉이라는 시가
있다. 멀리서 숲을 보았을 땐 나무와 나무가 서로 어깨를 대
고 모두 모여 있는 줄 알았는데 산불이 휩쓸고 지나간 숲에
들어가서 보니 나무와 나무 사이 간격이 있었고, 그 간격들
이 모여 울울창창한 숲을 이루었다는 시다. 시인은 나무와
나무는 한데 붙으면 도저히 안 되고 기어이 떨어져 있어야
만 한다고 말한다. 그런데 이는 사람도 마찬가지다. 간혹 내
가 사랑하고 좋아한다는 이유로 마치 샴쌍둥이처럼 붙어
다녀야만 진짜 친밀한 관계라고 착각하는 사람들이 있다.
하지만 사람도 나무처럼 한데 붙으면 안 된다. 거리를 두고
떨어져 타인으로 존재하고 있어야만 진짜 건강한 관계를
유지할 수 있다.

　사람 간에 간격을 유지한다는 것은 서로의 경계를 지
켜 주는 것을 의미한다. 사람은 누구나 자신의 경계를 가지
고 있다. 그리고 이 경계가 지켜진 상태에서 서로 말하고,

　　　　　　　　아주 약간의 너그러움

웃고, 바라보고, 만지고, 물어보고, 손잡아야 삶을 자연스럽게 영위할 수 있다. 이것이 관계에서 우리가 누려야 하는 접촉이다.

경계란 앞에서도 설명했듯이 농장의 울타리 또는 집의 대문과 같다. 나와 내가 아닌 것을 구분하는 선이 바로 경계가 된다. 사람은 각자 자신의 경계를 가지고 있고, 특별히 스스로 나라고 지각하는 범위를 '나-경계(I-boundary)'라 한다.

접촉은 나의 경계를 지키고 타인의 경계를 침범하지 않은 상태에서 나의 욕구를 충족시킬 때만 가능하다. 예를 들어 내가 나의 성적 욕구를 충족시키기 위해 타인의 경계를 침범하여 강제로 취하는 것은 자기접촉이라 할 수 없다. 더불어 내가 원치 않았음에도 나의 경계를 침범해서 강제하는데 내가 그것을 거부하지 못하고 허용했다면 이 또한 자기접촉이라 할 수 없다. 이것은 오히려 자기소외라 불러야 한다. 즉 내가 원하는 감정, 욕구, 행동, 생각을 허용된 경계 안에서 충족한 상태가 바로 좋은 접촉의 경우이다.

그렇다면 접촉에는 어떤 것들이 있을까? 접촉을 통해 우리는 무엇을 얻고 또 무엇을 놓치게 될까?

체코의 세계적인 문호 프란츠 카프카의 소설 〈변신〉

은 어느 날 갑자기 갑충으로 변해 버린 주인공 그레고르 잠자를 통해 소외된 인간의 고독과 인간 실존의 허무를 다루고 있다. 나는 이 짧은 단편을 읽으며 '나라면 어땠을까?'에서 한동안 빠져나오지 못했다.

우선 내가 〈변신〉의 주인공 그레고르였다면 상실감에 빠질 것 같다. 또한 더 이상 돈을 벌지 못한다는 이유로 혐오스러운 벌레 취급이나 하며 가져다 버릴 생각까지 하는 가족에게 깊은 배신감과 분노를 느꼈을 것이다. 그런데 그레고르는 아니다. 갑자기 갑충으로 바뀌어 버린 자신의 끔찍한 상황은 아랑곳하지 않고 자신의 결근으로 난처해졌을 회사를 걱정한다. 가족에게 위로를 원하기보다는 오히려 눈치를 보며 미안해한다. 더 답답하고 화가 났던 점은 그레고르의 마음과 다르게 회사는 그와의 인간적 관계를 차단시킨 채 계약관계 안에서만 그의 불행을 해석했고, 가족들은 아들이자 오빠인 그의 존재를 부인하며 부담스럽게 여겼다는 것이다. 더 이상 어디에서도 자신의 존재를 확인할 수 없는 그레고르는 자신과 관계 그리고 사회로부터 소외되는 쪽을 택하고 만다.

우리가 '내사, 투사, 융합, 반전, 자의식, 편향'의 방해 요인들로 인해 접촉을 회피한 결과가 바로 '자기소외'이다. 이

아주 약간의 너그러움

는 스스로 자신의 존재를 수용하지 않는 걸 말한다. 반대로 우리가 자기 자신과 타인, 환경과 접촉을 시도하는 것은 자기 존재를 수용하며 회복하는 것이다. 지금 여기서 좀 더 비중 있게 이야기하고 싶은 것은 대인관계의 접촉이다.

인간에게 가장 보편적인 욕구 중 하나가 바로 관계에 대한 욕구다. 사람은 누구나 태어나는 순간 대인관계를 자동으로 형성하게 되고, 살아가는 동안 평생에 걸쳐 대인관계로부터 자유로울 수 없다. 더불어 삶의 기쁨과 고통, 즐거움과 슬픔, 희망과 절망, 행복과 불행, 의미와 무의미, 이 모든 것들이 대인관계의 접촉을 통해 얻어진다. 대인관계의 가장 기본 단위가 되는 두 사람 간의 접촉은 모든 대인관계의 원형이 된다.

우리는 늘 관계 속에서 살아가기에 관계를 배운다는 개념을 잘 이해하지 못한다. 위태로운 관계로 곤경에 처하기 전까지는 특히 그렇다. 하지만 몇 가지 조건들을 제대로 이해하게 되면 위태로운 관계 때문에 에너지를 낭비할 일이 없어질 것이다. 이는 타인을 향한 최소한의 너그러움이기도 하다.

① 나와 네가 다르다는 것을 수용할 것

서로의 차이를 인정하고 다름을 존중하는 것이 친밀한 관계를 파괴하고 완전히 서로를 분리시키는 것이라는 생각을 없애야 한다. 내가 쓴 책 중에《우리는 피를 나눈 타인입니다》라는 게 있다. 책의 제목을 접한 지인들 중 몇몇은 내게 책 제목이 왜 이러냐며 약간의 조언과 우려스러움을 전해 왔다. 그들이 생각하는 '타인'이라는 단어의 개념 때문이었다. 이 책은 나이 든 노년의 부모와 함께 나이 들어가는 성인 자녀의 관계를 다룬 책이었는데, 많은 이들이 부모-자식 간에 등 돌리고 남처럼 살라는 의미로 타인을 해석하고 있었다. 그래서 우선 타인의 개념을 정확히 짚어 줬다. 부모-자식은 타인이 맞으며, 궁극적으로 독립된 타인으로 서로에게 존재해야 한다고. 사실 나를 제외한 세상의 모든 사람은 타인이 맞다. 이렇게 서로의 차이점을 인정하고 수용하는 것은 접촉의 좋은 출발점이 되어 줄 수 있다.

② 끊임없는 변화를 인정할 것

서로 다른 감정과 생각, 욕구를 가진 두 사람이 만난다면 당연히 다양한 변화와 에너지의 움직임이 뒤따른다. 서로 간 영향을 주고받는 것이다. 만약 A와 B 두 사람이 만남을 이어 간다면 어느 때는 A의 욕구가, 또 어느 때는 B의 욕구가 우선되며 수많은 교류와 변화가 생길 수밖에 없다. 이때 서로를 향한 흥미와 관심, 흥분 에너지도 자연스럽게 일어난다. 그런데 두 사람이 함께할 때 늘 A 또는 B 중 어느 한 사람의 생각과 감정과 욕구대로만 결정하고 행동한다면, 이것은 심각한 '융합' 상태거나 아니면 어느 한쪽이 다른 한쪽의 정신을 지배하는 가스라이팅이다. 각자를 지키려면, 두 사람은 끊임없이 이어지는 변화를 인정하면서 친밀한 관계를 유지할 수 있어야 한다.

③ 솔직한 마음을 직접 표현할 것

진정으로 서로가 있는 그대로의 존재를 수용하는 만남의 관계라면 한 사람이 느끼는 내적 경험들을 상대에게 솔직하게 표현할 수 있어야 한다. 즉, 무엇무엇에 대해 말하는 'talking about'이 아니라 상대에게 직접 말하는 'talking to'의 태도를 취할 수 있어야 한다. 자신의 속마음을 감추고 싶은 경우, 사람들은 대개 접촉을 피한다. 그래서 직접 말하기보다는 다른 무언가에 대해 말하려고 한다.

평가나 거절에 대한 두려움이 있을 경우, 직접 말하기는 더욱 어렵다. 하지만 상대와 대화를 하는 과정에서 마주하게 될 감정이나 생각, 욕구의 변화들을 불안의 요소로 바라보지 않고, 경험해 보지 못한 새로운 것에 대한 호기심으로 받아들인다면, 방어적 자세를 줄일 수 있다. 이는 자신과 상대에 대한 믿음에서 출발한다.

예를 들어 보자. 한 회사의 집단 상담에서 만났던 남성은 입사한 지 6개월 된 신입사원이었다. 그는 같은 팀 선배의 도움이 없었다면 맨날 야근만 했을 거라며 고마운 마음을 드러냈다. 마침 당사자인 선배가 같은 그룹에 있었기에, 나는 그에게 지금 얘기한 내용을 선배한테 직접 표현해 보라고 시켰다. 그러자 그는 "제가 부족함이 많은데 선배님이 조언도 해 주고 자료도 많이 주셔서 너무 고마웠다고 말씀드리고 싶어요"라고 답했다. 하지만 이는 직접 말했다고 볼 수 없었다. 그래서 다시 해 보라고 권하니 그는 쑥스러워하며 머뭇거렸다. 그러자 이번엔 가만히 있던 선배가 "그걸 꼭 말로 해야만 하나요? 이미 알고 있는데"라며 상황을 피하며 마무리 짓고 싶어 했다.

이 말을 한 선배는 직장 내 대인관계는 불필요하다며, 집단이 진행되는 동안 냉소적인 태도를 보였던 사람이었다. 두 사람에게는 '변화에 대한 신뢰'가 없었다. 변화에 대한 신뢰란, 대화의 과정에서 두 사람의 감정과 생각, 욕구 등에 예상치 못한 변화가 나타나더라도 그것을 충분히 다룰 수 있다는 자신과 상대에 대한 믿음을 말한다.

이쯤 되자 다른 동료들이 나의 의견에 동의하며 후배에게 직접 말을 전해 보라고 응원했다. 그는 몇 번을 망설

아주 약간의 너그러움

이다 작은 목소리로 "선배님, 그동안 도와주신 덕분에 제가
버텼습니다. 은인이세요. 고맙습니다"라고 말했다. 이 말을
들은 선배의 얼굴은 발갛게 달아올랐고 어찌할 줄을 몰라
눈동자가 이리저리 움직였다. 나는 그에게 후배를 바라보
며 인사를 나눠 주라고 했다. 그는 그제야 후배의 얼굴을 보
며 "당연한 건대 그리 말해 주니 고맙다"라며 처음으로 미
소를 보였다.

나와 타인의 경계를 침범하지 않고 간격을 지켜 준다는 것
은 서로를 존중하는 것이다. 나는 사람을 향한 존중은 감동
의 경험이 있을 때 좀 더 풍성해질 수 있다고 생각하는데,
그런 면에서 좀 더 적극적으로 감동의 순간을 만들어 보는
것도 도움이 될 것이다.

감동의 순간들 기억하기

잠시 혼자만의 조용한 장소로 이동하여 몸이 편안해질 때까지
호흡을 안정시켜 보자. 몸에 힘이 들어가는 곳이 없도록 가벼운
미소와 편안한 자세를 취하며 얼굴에는 부드러운 표정을 지어
보도록 한다. 이제 크게 심호흡을 한 후 '누군가 당신에게 친절
을 베풀어 줬던 때'를 떠올려 보자. 당신에게 친절했던 사람의

얼굴 표정에 집중하고 기억에서 느껴지는 감각과 감정, 생각에 집중한다.

① 그 사람이 했던 친절한 말과 행동에 1분 정도 집중해 보자.

② 그 순간 그 사람이 당신을 향해 보여 주었던 감정에 1분 정도 집중해 보자.

③ 이제 당신의 전체 경험에 집중해 보자. 당신이 경험한 기쁨과 그 사람을 향한 고마움을 느껴 본다. 그리고 이러한 느낌이 점차 커질 수 있도록 호흡을 크게 들이마시며 그 기억에 조금 더 머무른다.

④ 체험하는 동안 느껴진 감정과 떠오른 생각이 있다면 글로 작성해 보자.

아주 약간의 너그러움

네 번째 방법,
내 안에
상반된 두 마음이
있음을 인정하기

조선왕조 500년 역사 중 가장 비극적인 사건 중 하나가 사
도세자의 죽음이다. 왜 이런 비극적인 일이 일어났는지에
대해서는 많은 견해가 있지만, 나는 사도세자와 영조의 관
계에서 접촉을 방해하는 두 가지 상반된 마음을 찾아보려
한다. 물론 이것은 역사적 고증에 근거했다기보다는 나의
가설에 가까운 이야기며, 이 글을 읽는 이들의 이해를 돕기
위한 예시일 뿐이다.

역사적 기록을 볼 때, 영조는 '~해야만 한다'는 강한 내면
규칙이 있었다. 이를 심리학적 기준에 적용해 본다면 당위
적 사고와 틀이 매우 강했을 것이라고 추측해 볼 수 있다.
평생에 걸쳐 적자 콤플렉스를 가지고 있던 영조는 실제로
남들에게 책잡힐 일을 하지 않기 위해 누구보다 자신에게
철저하고 엄격한 삶을 살고자 했다. 그만큼 영조는 자신에
게 과도한 도덕적, 사회적 기준을 적용하며 완벽을 추구했

아주 약간의 너그러움

을 것이다. 문제는 이러한 도덕적 명령이 아들인 사도세자에게 강요되었다는 데 있다. 사도세자는 아버지이자 나라의 임금인 영조의 요구를 감히 거부하지 못하고 그대로 받아들이며 내사시켜야 했을 것이다. 그렇다고 사도세자에게 늘 복종하는 마음만 있었던 것은 아니다. 영조가 싫어하는 개 그림을 꾸준히 그렸다는 사실 등을 볼 때 거부하고 싶은 마음이 강하게 자리했음을 짐작할 수 있다.

이를 심리적으로 해석하면, 사도세자에게는 도덕적 명령에 따라 해야만 하는 '상전(top-dog)'의 마음과 하기 싫고 반항하고 싶은 '하인(under-dog)'의 마음이 공존한다고 말할 수 있다. 이렇게 마음속에 두 마음이 함께 존재하면 둘 중 무엇이 진짜 내 마음인지 몰라 괴로울 수밖에 없다. 표면적으로는 상전의 명령에 복종하는 척하지만, 계속 몰아붙이면 변명을 하거나 상황을 회피해 버리게 된다. 마음이 두 개로 분리되어 싸우며 서로를 통제하려 하는 것이다. 이러한 상태를 펄스는 신경증적인 '자기고문 게임(self-torture game)'이라고 불렀다. 나는 이것만큼 자신을 향한 너그러움을 어지럽히는 것도 없다고 본다. 행동하고 싶은 것이 있는데 그것을 하지 못하도록 막는 사람이 다름 아닌 자기 자신이니 괴로울 수밖에.

이렇게 마음에서 통제하고 지배하고 싶은 마음과 그

것을 거부하고 따져 보고 싶은 서로 다른 두 마음이 확인된다면, 오히려 두 마음 간에 치열한 다툼이 벌어지도록 허락해 주고 그 과정에서 대화를 통해 갈등을 해결하도록 촉진해야 한다. 갈등이 빚어지는 것이 무서워 회피하면, 나를 수용할 수 있는 기회를 잃게 된다.

이때 서로 다른 두 개의 욕구가 만나기 위해서는 마음속으로만 이루어지는 비밀스러운 내적 대화를 바로 알아차릴 수 있도록 외적 대화로 가시화시켜 주는 과정이 필요하다. 이에 내가 제안하고 싶은 방법은 서로 반대되는 두 마음에 대화의 시간을 허용해 주는 것인데, 송강호(영조)와 유아인(사도세자) 주연의 영화《사도》의 장면을 통해 예를 들어 보자.

영화를 보면 사도세자가 목숨이 끊어지기 직전 뒤주에 갇힌 채 아버지인 영조와 대화하는 장면이 있다. 물론 이것은 영화 속 영조가 원하는 상상의 장면이며 허구이다. 만약에 두 사람이 대화를 했다면 이런 이야기를 하지 않았을까 하는 감독의 추측과 바람이 의도된 장면이라 할 수 있다. 서로를 원망하고 미워했던 두 사람이 왜 그럴 수밖에 없었는지 자신의 입장을 솔직하게 말하고 들어주는 내용이었는데, 나는 이것을 두 사람이 아닌 사도세자 혼자서 하는 '두 마

아주 약간의 너그러움

음 대화'로 대입시켰다. 상전과 하인의 맥락에서 대화를 가시화시켜 보는 것이다.

영조의 말은 도덕적 명령의 상전을 대신한다. 영조는 사도세자를 향해 말한다. "임금은 공부를 게을리해서는 안 되고, 칼싸움이나 개 그림 같은 것을 그리는 것도 옳지 않다. 제대로 된 임금이 되기 위해 작은 것 하나도 실수하면 안 되고, 멸시당하지 않기 위해 매사 완벽해야만 한다."

사도세자의 말은 억압되고 위축된 하인을 대신한다. "아버지가 강요한 방식은 숨이 막히고, 견딜 수가 없습니다. 공부나 옷차림은 그리 중요하지 않으며 권력보다 아버지의 따뜻한 눈길이 더 필요했습니다."

물론 영화에서 보여 준 장면은 한 사람 마음에 공존하는 두 개의 서로 다른 목소리에 해당하는 상전과 하인은 아니지만, 영조의 대사를 상전에 빗대고 사도세자의 대사를 하인에 빗대어서 보면 두 마음 대화의 현상이 이해될 것이다.

아무래도 도덕적 신념과 사회적인 규율을 지키며 살았던 보통 사람들의 마음에서는 상전의 목소리가 훨씬 크고 센 것이 일반적이다. 그래서 도덕적 신념을 부정하고 반대하고자 하는 욕구가 내 안에 있음을 인정하기가 쉽지 않다. 처음부터 상전과 하인 중 어느 한쪽이 쉽게 포기해 버리므로 접촉을 시도하는 것 자체가 억지스럽게 느껴질 수도 있다. 그러므로 서로 다른 욕구를 가진 두 목소리가 치열한 다툼을 한 후 양보와 타협이 이루어지게 하는 것이 좋다. 이럴 때 효과적인 것이 바로 '두 의자 기법'인데, 양쪽으로 놓인 의자에 앉아 영조와 사도세자가 대화하듯이 서로의 말을 주고받는 방법이다.

한 사람의 마음 안에 양분되어 있는 두 개의 목소리는 주의를 기울이지 않으면 알아차리기가 쉽지 않다. 긴 시간 동안 너무나 익숙하게 '그렇게 해야만 해'로 감정과 욕구, 생각 등을 억압하며 희생을 요구하던 공식이 무의식 안에서 습관으로 자리 잡았기 때문이다. 그리고 이것은 개인의 독특성을 인정하며 너그러워지도록 해 주는 '그럴 수도 있지'를 가로막게 된다.

　　남편의 외도로 부부 사이가 급속도로 나빠진 여성이 있었다. 갈등이 해결되지 않으면 이혼까지도 고려한다고 했다. 그런데 특이하게 이 여성은 남편에게 불만이 많은 것처럼 말을 하다가도 어느새 "아주 나쁜 사람은 아니에요. 주변에는 사람 좋기로 정평이 나 있어요. 법 없이도 살 수 있는 순수한 사람이에요"라며 남편을 두둔하기 일쑤였다.

남편을 싫어하는 것인지 남편을 좋아하는 것인지 도무지 알 수가 없었다. 그녀의 남편은 착한 사람이지만 가정의 중대사를 아내와 상의하지 않고 일방적으로 결정해서 통보하는 이기적인 사람이었고, 다정다감하게 대화를 이어가는 따뜻한 사람이지만 아내인 자신보다는 늘 시어머니가 최우선인 마마보이였다. 남편을 향한 그녀의 마음은 서로 다른 양극에 자리하고 있었다. 무심한 남편 때문에 외롭고 슬펐으며 평생을 배려로 희생한 자신의 지난날에는 억울하고 분한 감정을 느꼈지만, 그녀는 자신이 이런 감정을 느끼도록 허락하지 않았다. 그녀 스스로 남편을 향한 불만의 감정이 떠오를 때마다 '그럴 수도 있지'로 그를 억지로 이해하며 감정을 곧바로 억제하는 것에 익숙해져 있었다. 이때 그녀가 떠올린 '그럴 수도 있지'가 담고 있는 뜻은 '여자는 결혼하면 그 집 귀신이 되어야 한다. 남편은 하늘이다. 모든 가정사는 여자 하기 나름이다. 여자가 잘하면 다 좋아진다'와 같은 사회적 규칙들이다. 이는 내가 앞서 설명한 한 사람의 있는 그대로를 수용하는 의미의 '그럴 수도 있지'와는 완전히 다른 것이다. 뿐만 아니라 그녀는 자신이 이러한 규칙에 따라 행동하지 못하게 될 경우, 스스로 아내의 자격이 없는 사람이며 나쁜 배우자라 여기고 있었다.

'그럴 수도 있지'는 그녀에게 무조건적인 순종과 희생

을 요구하는 말임과 동시에 아내의 역할을 잘 해내고 있다는 긍정적 평가의 말이기도 했다. 그래서 그동안에는 어떤 반문도 불만도 가져 본 적이 없었지만, 이제는 "왜 그래야 하는 건데? 왜 나만 참아야 하는 건데?"로 따져 묻고 싶어졌다. 그러다가도 '아니야. 그럴 수도 있지'를 떠올리며 감정을 이내 차단했고 그녀는 이렇게 두 마음 사이에서 갈팡질팡하고 있었다. 그녀가 진짜 하고 싶은 말이 무엇인지 명료하지 않았다. 두 개의 목소리에 대화가 필요해 보였다. 나는 그녀에게 각각의 목소리에 어울리는 인형을 고르도록 했는데, 노년의 여성과 교복을 입고 있는 여학생 인형을 골랐다. 노년의 여성 인형은 "내가 잘하면 되는 거지"로 그녀에게 어떤 상황에서도 참고 견디기를 요구하는 상전이었고, 여학생 인형은 "더 이상 참고 싶지 않아"로 상전의 요구에 분노하며 거절하는 하인이었다.

상전 남자가 한 번 실수할 수도 있는 거지. 네가 이해해.
하인 이해하고 싶지 않아. 더 이상 참고 싶지 않아.
상전 안 참으면 가정을 파탄 내겠다는 거야? 가정을 지켜야지. 애들 생각 안 해?
하인 아니, 나도 이제 내 마음을 살필 거야. 그런 이유로 잘못을 이해하고 싶지 않아.

아주 약간의 너그러움

상전 좋은 아내는 힘들어도 참고 견딜 수 있는 사람이잖아.

하인 참고 견디는 게 무조건은 아니야. 그럴 만한 이유가 있다면 참고 견딜 거야. 그런데 이번엔 남편이 잘못했어. 내가 견딘다고 해결되는 문제는 아니야.

상전 그럼 어떻게 하면 참고 견딜 건데?

하인 나도 가정을 지키고 싶어. 남편이 정확하게 자기 잘못을 반성하고, 나와 아이들에게 용서를 구하고 사과해야 해. 참고 견디는 건 그 이후 얘기야.

두 마음이 서로 대화를 하며 하인의 목소리에 점점 힘이 실렸다. 그저 모른 척하며 상대의 잘못까지도 무조건 참고 견디는 것이 아니라, 그녀의 마음은 남편 스스로 잘못을 반성하고 진심으로 사과해 주기를 바라고 있었다. 그제야 자신이 진짜 원하는 것이 무엇인지 명확히 알아차렸다며 그녀는 한결 편안해진 목소리로 말을 이어갔다. "다시 떠올리기 싫은 사건이다 보니 생각에서 그저 밀어내려고만 했어요. 그런데 있었던 일을 없던 일로 만들 수가 없는 거죠. 마음은 계속 괴로우니 '그럴 수도 있는 거지'라고 말하면서 오히려 극복하지 못하는 저를 탓했던 것 같아요. 제가 잘못한 것도 아닌데 말이에요." 비로소 그녀의 두 마음 사이에서 타협이 이루어진 듯했다.

가족, 친구, 직장 동료 사이 인간관계에서 어떤 공식을 주로 사용하고 있는지 점검해 보길 바란다. 무의식적이며 습관적으로 상대의 요구나 괴롭힘에 휘둘리고 있는 것은 아닌지, 스스로 자신의 경계를 잘 지키고 있는지 생각해 볼 필요가 있다. 만약 누군가의 침범을 허락하고 있었다며 내면에 각인된 도덕적 명령들에 반기를 들어 보라고 권하고 싶다. 내가 선택한 적 없는 타인이 정해 준 '이상'은 결국 나를 좌절시키고 죄책감으로부터 자유롭지 못하게 만들기 때문이다. 이제는 갈등을 경험하는 것이 두려워 그럴 듯한 말로 정당화하는 것을 벗어나, 있는 그대로의 나를 수용하는 의미로 '그럴 수도 있지'를 사용하길 바란다.

다섯 번째 방법,
도망치지 않고
직면하기

나이가 들면서 포기해야 하는 섯 중 하나가 셀카다. 점점 깊어지는 주름과 눈 밑에 지저분하게 올라와 있는 기미를 감추지 못하고 그대로 봐야 하니 그야말로 곤욕스럽다. 가끔 속임수를 쓰고 싶어지는데 이것이 누구든 여신으로 변신시켜 주는 핸드폰 어플에 매혹되는 이유다. 그런데 이제 그것에도 기댈 수 없게 되었다. 어느 날 딸이 말했다. "엄마, 어플로 사진 찍지 마. 진짜 이상해." 엄마의 실물을 매일 보는 딸 입장에서 그저 한없이 예쁘게만 찍히는 어플 속 엄마가 가짜임을 알기에 간접적으로 '그만 찍어'를 전달한 것이다. 딸이 이렇게까지 표현해 줬는데 어플 사진을 계속 찍을 수는 없다. 그렇다고 변신 어플 없이 셀카를 찍을 자신도 없다. 그래서인지 요즘 내 핸드폰에는 강아지와 풍경 사진이 가장 많아졌다. 비단 사진만 그럴까? 갑자기 그런 생각이 들었다. 있는 그대로 보지 못하는 것에는 또 무엇이 있을까?

아주 약간의 너그러움

배우자의 회피하는 행동 때문에 답답함을 호소하는 지인을 만난 적이 있다. "정말 우리 남편은 경제 개념도 없고, 책임감이라고는 눈을 씻고 봐도 찾아볼 수가 없어." 전날 꽤 큰소리가 오가는 부부싸움을 한 듯했다. 무슨 연유인지 묻자 그녀는 남편의 좋지 않은 습관 중 하나가 아무런 계획 없이 충동구매 하는 것인데 카드값이 나오면 종종 지불을 하지 못해 연체가 된다고 했다. 특이한 점은 연체한 금액이 감당 못할 정도로 엄청나게 큰 액수가 아니라는 것이었다. 답답했던 지인이 남편에게 따져 물으니 일단 카드 대금 청구서를 받으면 두렵기도 하고 걱정되는 마음에 아예 확인조차 못할 때가 종종 있다고 했다.

남편의 또 다른 안 좋은 습관은 시어머니의 선을 넘는 무리한 요구에 절대 나서지 않는다는 거였다. 예를 들어 갑자기 큰 목돈을 당장 보내달라거나, 미리 선약이 있는데도 무조건 취소하고 시댁으로 식사하러 오라거나 하는 일들에 어떤 불편함도 표현하지 않고 모른 척한다고 했다. 이런 일이 반복될 때마다 지인은 남편이 무책임하고 도망치는 사람처럼 느껴져 답답했다. 왜 그러는 걸까? 친구의 남편은 자신에게 주어지는 상황에 직면하는 것을 두려워한다. 문제를 직면하면 무언가 큰일이 벌어질 것만 같은 기분 나쁜 상상을 하기 때문이다.

우리 인생에 미해결 과제가 쌓이는 이유는 고통에 노출되는 것이 두려워 문제를 직면하지 않고 회피하기 때문이다. 반대로 문제를 직면할 수 있다면 불행이라고 해석했던 상황을 극복할 수 있다. 그러니 문제로부터 도망치지 않고 머무르며 직면하는 연습이 필요하다.

직면은 내가 진짜 원하는 욕구나 감정을 들키지 않기 위해 반복적으로 사용하는 회피 행동을 발견하고 행동에 나설 때 이뤄진다. 직면에는 여러 방법이 있는데, 우선 말의 내용이나 얼굴 표정, 말하는 목소리, 혹은 행동의 불일치를 발견해서 수정하는 방법이 있다.

예를 들어 취직 시험에 탈락해서 실망한 한 내담자가 있었는데, 그는 '전혀 신경 쓰이지 않아요', '저는 쿨하거든요', '받아들여야지 어쩌겠어요. 괜찮습니다'라고 끊임없이 말했다. 하지만 그 말을 하는 그의 목소리는 떨렸고 눈시울이 붉어지거나 눈동자가 불안정하게 움직이는 등 말과 모순된 행동을 하고 있었다. 이때 "전혀 신경 쓰지 않는다고 말씀하실 때 목소리가 많이 떨렸는데 어떤 생각이 떠오르셨나요?"로 질문을 하면 그제야 내담자는 자신의 말과 행동이 일치하지 않음을 발견하게 된다.

상담자로서 나는 이런 식의 직면하기를 종종 돕는다.

아주 약간의 너그러움

50분의 상담 시간 동안 쉬지 않고 말을 계속 이어가는 내담자가 있었다. 상담자가 하는 질문도 듣지 못하고 그저 자신의 이야기를 하는 것에 매몰되어 있었다. 그런 내담자에게는 "잠시 말을 멈춰 보시겠어요?", "지금 대화를 한다기에는 제 질문도 듣지 못하고 계세요. 본인의 이야기에만 빠져있는 것처럼 보이는데 알고 계셨나요?"라는 물음으로 그 상황을 직면하도록 돕는다. 또 말을 하는 중간중간 웃음으로 회피하는 사람들도 자주 보게 된다. 이 경우에도 "웃지 않으면서 말씀해 보시겠어요?", "지금 웃으실 때 어떤 감정을 느끼셨나요?", "고통스러운 이야기를 하는데 무척 즐거워 보이네요" 등의 질문을 던져 신체 감각이나 감정을 정확하게 자각하도록 돕는다. 자신이 반복적으로 사용하는 회피 행동을 스스로 발견하기 힘들 때는 이런 식으로 주변 친한 사람들의 도움을 받을 수 있다.

회피 행동을 직면시키는 것 중 가장 강력한 것은 사용하는 언어를 바꿔 말하는 것이다. 앞서 언어 알아차림에 대해 설명할 때 이야기한 것처럼, '그러나', '못한다', '죄송해요' 등의 수동의 말 대신 '그리고', '안 한다', '화가 나요'와 같은 능동의 말로 바꿔 말할 수 있다. 예를 들어 "나는 그 사람에게 미안했다. 그러나 미안하다고 말하지 못했다"를 "나는 그 사람에게 미안했다. 그리고 미안하다는 말을 안 했다"로 바꾸어 말하는 것이다. 이렇게 할 경우 말과 행동의 주체가 누구인지를 분명히 할 수 있다. 또 제3자에게 말하는 형식으로 얘기하는 습관이 있다면, 이를 직접 말하기 방식으로 바꾼다. "그 사람이 회피할 때 무책임하다고 느꼈죠"라는 말을 바꿔서, 그 사람이 앞에 있다고 생각하고 어떤 감정을 느꼈는지 직접 말해 보는 것이다. "나는 당신이 회피할 때 답답하고, 화가 나."

그런가 하면 말의 표현이 모호한 경우 명확하게 표현하도록 연습해야 한다. '예상이 되어서'는 '예상을 했습니다'로, '마음이 갈 곳이 없는데'는 '갈 곳은 있는데 스스로 막았습니다'로, '별거 아닌 것 같은데… 굳이…'는 '특별합니다'로 바꿔 말하는 식이다.

간혹 자신을 피해자로 만드는 언어 습관으로 회피하는 경우도 있다. '나는 멍청해, 나는 쓸모없어, 나는 사랑스럽지 않아, 나는 실패했어, 나는 나쁜 사람이야, 나는 결함이 많아, 나는 잘하는 것이 없어, 나는 비난 받아도 마땅해'라는 말들로 스스로를 비난하는 것이다. 이때 느끼는 수치심은 한없는 자기소외의 길로 안내한다. 특히 이미 굳어진 습관성 언어들은 무의식중에 드러나기 때문에 바꿔 말하기까지

아주 약간의 너그러움

꽤 긴 시간이 필요할 때도 있다.

직장을 통해 만나게 되는 비자발적 내담자들의 경우 회피와 방어가 높은 편이다. 자기가 원해서 신청한 상담이 아니기에 처음부터 나를 바라보는 그들의 시선엔 의심이 가득하다. 사춘기 아이들이 부모를 향해 이유 없는 반항을 하는 것처럼, 내가 무슨 말을 물어봐도 날카롭고 예민하게 반응하기 일쑤다.

다년간 실적이 좋지 못해 많이 좌절하며 심리적으로 지쳐 있던 내담자가 있었다. 스트레스가 상당했을 텐데 어떤지를 묻는 말에 그는 "먹고살려고 해요"라는 말로 대답했다. 직장생활을 하며 느끼는 보람에 대해 물어도 그는 "먹고살려고 다니는데 딱히 보람이랄 게 있나요…"로 내 질문 자체를 대수롭지 않게 여겼다. 나는 묻고 그는 시시껄렁한 태도로 대충 대답하는 일의 반복이었다. 그러던 어느 날 그에게서 발견된 강점들을 피드백해 주었는데, 이번엔 "그 정도는 누구나 다 있지 않나요?"라며 피드백을 축소시켜 버렸다. 스트레스를 어떻게 푸냐고 물으니 "스트레스를 왜 풀어요?"라고 답하는가 하면 "도움 되는 게 아닌데 자꾸 물으니 불편해요"라며 자신의 감정과 욕구에 대해 말하는 것을 거부하고 싶어 했다. 나는 그의 태도가 무성의하게 느껴졌다. 강점을 발견해 주고 긍정적인 피드백을 주고자 하는 나의 마음에 공감하지 못하고 이를 거부하는 것처럼 느껴져 안타까웠다. 그러나 내 마음 한편에는 그가 무성의하게 시시껄렁한 태도로 일을 하는 사람이 아닐 거라는 믿음이 있었다. 그가 회피하고 있는 진짜 마음에 닿기 위해서는 직면이 필요해 보였다.

나는 그의 언어를 바꿔 말해 보도록 했다. "○○씨의 말들이 제겐 무성의하게 들렸어요. 마치 복어의 가시처럼 뾰족하게 느껴지기도 했고요. 제 말이 어떻게 들리세요?" 그러자 그는 즉각적으로 대답하지 않았다. 일에 대한 열정과 애착을 가지고 있더라도 '먹고살려고 해요'라는 언어는 전혀 그것을 반영하지 못한다고 말하자 그가 수긍하기 시작했다. 얼마 후 상담을 통해 언어 습관을 바꾸게 된 그는 먹고살기 위해 직장에 간다는 말을 이렇게 바꿔 말했다. "직장은 내 삶의 공간입니다."

할 수 없이 해야만 하는 일과 내가 할 수 있는 일, 해야만 하는 일은 다르다. 우리는 이것을 구분 짓는 주체가 돼야 한다. 할 수 있는 일을 억지로 해야만 하는 일로 만들지 않아야 한다. 그러려면 무의식적으로 진행되는 내면을 알아차려야 한다. 그리고 그것을 회피하지 않고 표현해야 한다.

그는 가정이나 직장, 사회의 어느 곳에서도 칭찬이나

아주 약간의 너그러움

인정의 말을 들어 본 적이 없었고, 그 때문에 나의 피드백들이 어색하고 익숙하지 않아 피하고 싶었다고 했다. 스스로 '나는 무능한 사람이다', '나는 잘하는 것이 하나도 없는 사람이다'라는 생각을 크게 가지고 있었는데 이것을 상담자에게 들키고 싶지 않았다는 것이다.

직면은 회피하는 행동에 가려져 드러나지 않았던 자신의 감정과 욕구, 생각 등을 자각하여 더 이상 문제에서 도망치지 않고 책임지도록 하는 것이다. 회피가 답이 될 수는 없다. 미해결된 문제를 해결하고 원하는 것을 충족시키기 위해서는 고통을 회피하지 않고 있는 그대로 받아들일 수 있는 용기가 필요하다. 게슈탈트 심리학의 전문가 김정규 교수의 말처럼, "자기 자신이 아니면, 그 누구도 자기를 진정으로 고통에 빠뜨릴 수 없다." 열쇠는 언제나 자기에게 있음을 잊지 말자.

여섯 번째 방법,
너그러움을 이끄는
자기지지의 힘

나는 이 책 전반에 걸쳐 나와 타인 그리고 사회를 향한 너그
러움은 개인의 불완전함을 있는 그대로 수용하는 데에서 시
작된다는 생각을 담았다. 물론 이렇게 말하는 나조차도 이
게 말처럼 그리 쉽지 않다는 것을 잘 알고 있다. 이에 평범한
보통 사람들의 자기수용을 도울 수 있는 '지지(support)'에
대해 이야기하는 것으로 책을 마무리하려 한다.

사람들이 호소하는 스트레스의 대부분은 내가 느끼는 감정
을 표현하고 행동하고 싶은 욕구에서 시작된다. 이때 우리
가 추구하는 욕구는 그것을 이루기 위해 행동하게끔 만든
다는 측면에서 분명 활력있는 삶의 좋은 동기부여가 되어
주지만, 반대로 원하는 것을 이루지 못했을 때는 우리를 괴
롭히는 적으로 돌변하기도 한다.

    못마땅한 결과의 원인이 나의 부족함 때문이라고 생
각해 자신을 벌하거나, 타인과 환경을 탓하며 공격적인 자

세를 취하는 경우가 이에 해당한다. 그렇다면 그저 단순히 생각해 볼 때 스트레스의 원인으로 작동하는 욕구가 없어지면, 스스로에게 조금 덜 가혹하고 타인에겐 덜 공격적인 사람이 될 수도 있을 것이다. 엉뚱하지만 그럴싸한 이 발상에 나는 그리스 현대 문학을 대표하는 니코스 카잔차키스의 묘비명을 빌려 써 본다. 그의 소설만큼이나 유명한 묘비명은 이렇다.

나는 아무것도 원하지 않는다.
나는 아무것도 두렵지 않다.
나는 자유다.

아무것도 원하지 않으면 두려움도 사라지고 자유로워질 수 있다는 말은 분명 맞는 말이다. 그러나 안타깝게도 나를 비롯한 보통 사람들에게는 그저 꿈에 가까운 이상에 가깝다. 또 어떤 사람들에게는 삶의 활력을 뺏는 일일지 모른다. 그러니 니코스 카잔차키스처럼 무소유를 실천하며 자유를 이루는 것이 어렵다면, 욕망을 떨쳐버리지 못해 두려움을 안고 살아갈 수밖에 없는 불완전한 나를 있는 그대로 받아들일 수밖에 없다. 이때 혼자의 힘으로 온전히 수용하기가 어렵다면 더러 타인의 힘에 기대는 것도 방법이 될 것이다.

아주 약간의 너그러움

나 역시 내가 하고 있는 모든 것에 겁이 나고 두려울 때가 있다. 내가 잘하고 있는 것인지 또 잘할 수 있을지를 고민하느라 고통 속에 밤을 보낸 적도 있다. 예를 들어 내가 벌인 일들이 그렇다. 그동안 여러 권의 책을 내면서 방송에 소개되거나 상을 수상하는 일들이 있긴 했지만 그렇다고 엄청난 베스트셀러가 되지는 못했다. 15년째 강의를 하고 있지만 내가 정말 뛰어난 강사라는 확신은 부족하고, 내담자에게 좋은 상담자로 기억되고 싶지만 내가 잘하고 있는지 불안할 때가 많다. 언젠가 이런 속내를 심리상담사들이 모이는 워크숍에서 말한 적이 있는데 동료 상담사가 나에게 이런 말을 해 주었다.

"책을 내자는 출판사가 계속 있다는 것은 글에 공감한다는 것이고, 15년째 강의를 불러주는 곳이 있다는 것은 선생님의 강의에 분명 만족했기 때문이겠죠. 또 상담실에 찾아오는 내담자가 있다는 것은 선생님의 상담이 도움이 되었다는 증거가 아닐까요?"

동료 상담사의 말은 충분히 일리 있는 말이었다. 그렇지만 여태껏 스스로에 대한 만족감을 충분히 누리지 않았던 내가 그 자리에서 그 말을 100% 모두 수용하기는 힘들었다.

그러나 어찌된 일인지 그 뒤로 나를 향해 가혹한 벌을 주고 싶은 못된 심보가 느껴질 때마다 동료 상담사의 말과 지지를 떠올릴 수 있게 되었다.

지도 교수님 또한 마찬가지였다. 똑같은 고민을 어김없이 늘어놓는 내 앞에서 농담을 섞어 "선생님, 심상 왜곡이 심하네요"라며 호탕하게 웃던 모습이 기억난다. 이런 주변 사람들의 말을 들으며 나는 전보다 훨씬 여유가 생겼고 조금은 가벼이 넘길 수 있게 됐다. 완벽하게 100%는 아니더라도 '너는 왜 누구처럼 할 수 없냐'며 나를 괴롭히지 않게 된 것이다. 내가 받은 다른 사람들의 지지는 조금씩 나를 수용하도록 도와주었다.

우리가 살면서 원하는 욕구를 충족시키기 위해서는 그것에 가까워지도록 하는 행동이 필요하다. 이때 지지란 어떤 장애 요인들이 가로막더라도 그 행동을 중도에 멈추거나 포기하지 않고 계속 밀고 나갈 수 있는 힘을 말한다. 이는 주어진 환경을 제대로 해석하고 긍정적으로 받아들이며 나에게 이롭게 행동할 수 있는 힘이다. 그러니 내가 어떤 일을 할 수 있도록 받쳐 주는 '지지'야말로 불완전한 자기를 인정하는 자기수용에 꼭 필요한 요소라 할 수 있다.

심리학자 로라 펄스는 이러한 지지를 '환경적 지지

(environmental support)'와 '자기지지(self support)'로 구분했다. 환경적 지지는 가족이나 친척, 친구, 직장 동료, 친목 단체, 학교, 병원, 종교 단체, 복지시설 등과 같이 개인이 어려움에 처했을 때 도움받을 수 있는 각종 지지 체계들을 말한다. 그리고 스스로 자기 자신을 지지하는 경우를 자기지지라 한다.

심리치료에서는 환경적 지지보다는 자기지지를 더 중요시한다. 튼튼하고 견고한 지지를 받은 사람은 자기를 존중할 줄 아는 사람이며, 이런 사람은 스트레스 상황에 처했을 때 이를 회피하지 않고, 현재 상태에 머물러 그대로 체험할 수 있는 능력을 가지고 있기 때문이다. 그리고 이러한 지지를 통해 우리는 비로소 스스로를 가치 있게 생각하는 자아존중감과 타인과 사회가 나의 가치를 인정하는 공적존중감을 높일 수 있다. 앞서 소개한 다섯 번째 접촉 방법인 도망치지 않고 직면하기를 가능하게 하는 것 또한 바로 지지이다.

한 사람의 자기수용이 세상에 어떤 영향을 끼칠 수 있을까? 나는 우리에게서 너그러움이 사라진 세상은 어떤 모습일지 잠시 상상해 봤다. 불완전한 자기를 받아들이지 못한 개인은 자기혐오에 빠져 고통스러운 하루하루를 보낼 것이다. 그러다 결국 피폐해진 정서는 서로의 작은 실수도 허용하지 못하고 서로를 향해 뾰족하게 날 선 감정을 겨누게 될 것이다. 나의 욕구를 충족시키는 것에 혈안이 되어 이기적으로 변해가는 인간성 속에서, 우리는 더 이상 '참만남'을 경험하지 못할 것이다. 타인은 그저 내가 짓밟고 올라서야 하는 경쟁 수단일 뿐 그에게 어떤 연민도 느낄 수 없다. 그렇게 인간성 말살의 세상이 될지도 모른다. 내가 너무 파국적으로 생각하는 것처럼 보일지 모르지만, 안타깝게도 우리는 이미 이러한 세상에 발을 담그고 있다.

물론 나 혼자서 세상을 바꿀 수는 없다. 하지만 '나'라는 각자의 세상은 얼마든지 통제할 수 있다. 그렇게 한 사람이 두 사람이 되고, 열 사람이 되어 다시 사회가 될 수 있다면 불가능하지만은 않을 것이다.

자신의 행동이 평소답지 않게 무척 예민하고, 신경질적으로 바뀌어 자신과 타인에게 불편한 상황을 만들고 있음을 알아차린 사람이 '내가 원하는 것이 무엇인가?'를 자문하게 된다면 이것처럼 반가운 소식이 없을 것이다. 이제껏 설명했듯, 욕구를 충족하게 되면 나를 예민하고 신경질적으로 만들었던 짜증, 화, 수치심, 두려움, 우울과 같은 불편한 감정을 추스를 수 있게 되고, 자신과 타인 그리고 세상을 향

아주 약간의 너그러움

해 쏟아 내던 각종 비난의 말도 멈출 수 있게 된다. 이때 환경적 지지와 자기지지가 받쳐 준다면, 우리는 회피하지 않고 계속해서 시도할 수 있는 용기를 얻을 수 있다. 지지는 불완전한 자신을 있는 그대로 받아들이는 작은 마음의 씨앗이 되기에 충분하다. 이것이 바로 너그러움의 시작과 끝이 자기수용과 자기연민에 맞닿아 있다는 의미이다. "당신의 모습, 어디까지 수용하고 있나요?" 이 책을 읽은 사람 모두가 이 질문에 '있는 그대로'라고 답하기를 바란다.

바꿀 수 없는 일에 대해서는

그것을 받아들일 수 있는 평화로운 마음을 주시고,

바꿀 수 있는 일에 대해서는

그것에 도전하는 용기를 주소서.

또한 이 둘을 구별할 수 있는

지혜를 내려 주소서.

—라인홀드 니버의 평온의 기도문 중에서

아주 약간의 너그러움

오래되고 켜켜이 쌓인 마음 쓰레기 치우는 법

1판 1쇄 인쇄	2022년 11월 15일
1판 1쇄 발행	2022년 11월 25일

지은이	손정연

발행인	황민호
본부장	박정훈
책임편집	김순란
기획편집	강경양 김사라
마케팅	조안나 이유진 이나경
국제판권	이주은
제작	심상운

발행처	대원씨아이㈜
주소	서울특별시 용산구 한강대로15길 9-12
전화	(02)2071-2017
팩스	(02)749-2105
등록	제3-563호
등록일자	1992년 5월 11일

ISBN	979-11-6944-786-7 (03180)